150 Questions for
China (Shanghai) Pilot Free Trade Zone

上海市社会科学界联合会 编

中国（上海）自由贸易试验区150问

【第二版】

格致出版社 上海人民出版社

第二版前言

自上海自贸试验区挂牌8个月以来，一方面，中央各部委的各项实施细则逐步落地；另一方面，上海市各部门的相关推进办法与措施也不断出台。这些新的情况需要及时梳理和总结。

《中国(上海)自由贸易试验区150问》一书自2013年11月推出后受到广泛好评。本书立足普及性，确保专业性和准确性，已被国家外宣部选定为向国外翻译推广的自贸区类图书。

此次再版依据《中国(上海)自由贸易试验区总体方案》公布后上海自贸试验区的各项工作进展，对第一版作了较大幅度的修改，尤其是金融、税务、海关和检验检疫等方面。修订工作由原编写组成员完成。

第一版前言

2013年9月29日，中国(上海)自由贸易试验区正式挂牌成立，这一全面深化改革开放的重大战略举措，又一次把国内的关注点吸引到上海浦东这片热土上。为帮助社会各界和广大干部群众了解上海自贸试验区的相关知识和政策，我们编写了这本融知识介绍、政策解释、问题解答于一体的普及读物。

全书的整体框架参照《中国(上海)自由贸易试验区总体方案》的内容，分为基础知识、政府改革、扩大开放、贸易转型、金融创新、完善法制、制度环境七个方面，梳理出150个问答，涉及关键名词的解释、相关背景的分析和比较、政策目标的解读、重要制度和突破性措施的分析与评价等。本书的突出特点是全面准确，简明扼要，针对性强，实用性强。本书不仅是对上海自贸试验区相关知识的介绍，更能帮助读者理解相关制度的来龙去脉，理解设立上海自贸试验区这一新形势下推进改革开放的重大决策与举措的战略意义。

目 录

金融创新

制度环境 151

基础知识

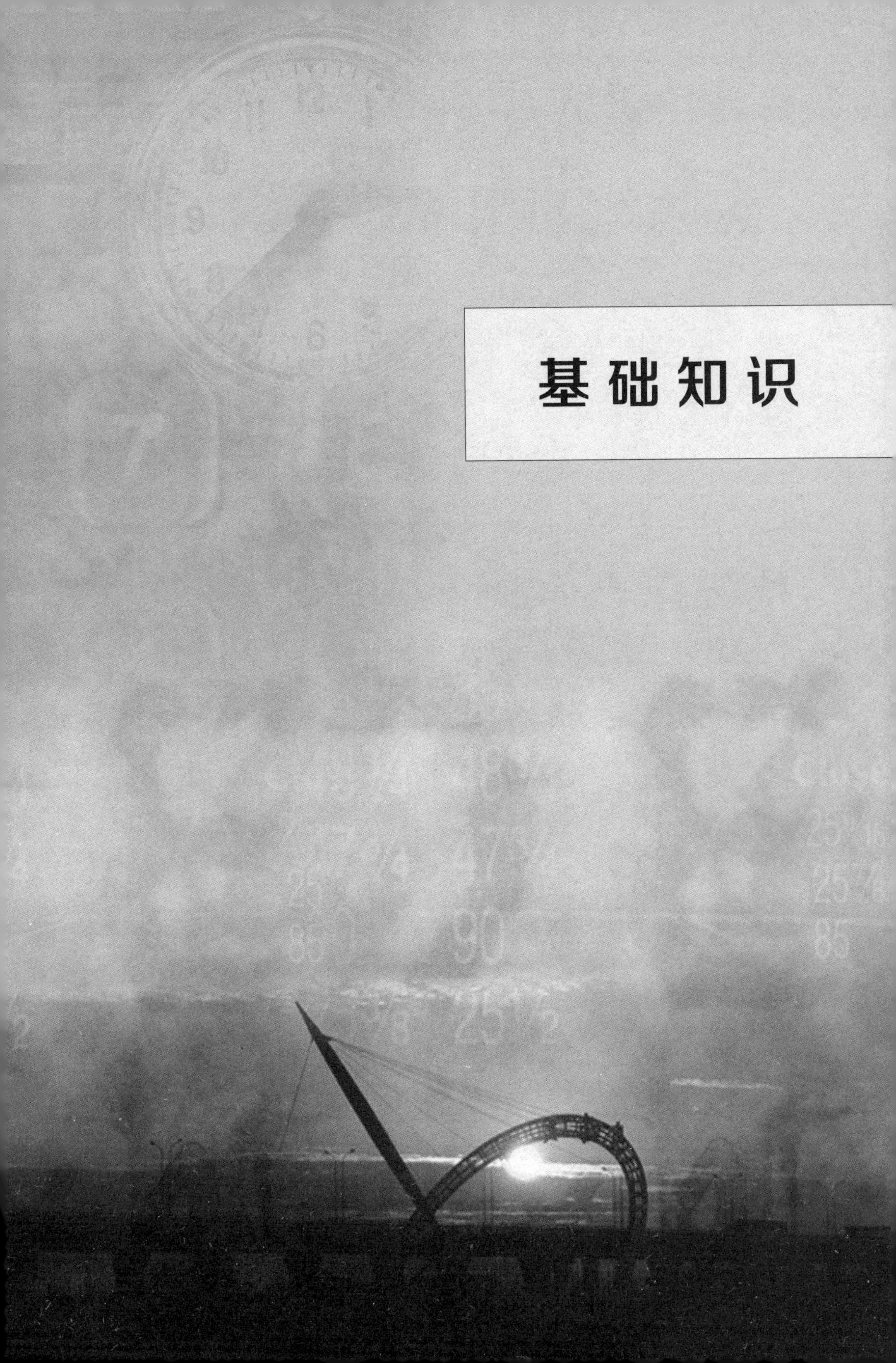

1. 什么是中国(上海)自由贸易试验区?

中国(上海)自由贸易试验区(以下简称上海自贸试验区、上海自贸区、试验区)是由国务院批准在上海设立的试行特殊贸易、投资与金融政策,并率先探索政府管理模式改革的指定区域。2013 年 8 月 22 日上海自贸试验区由国务院批准设立,2013 年 9 月 27 日国务院印发《中国(上海)自由贸易试验区总体方案》(以下简称《总体方案》),2013 年 9 月 29 日上海自贸试验区正式挂牌。

建设上海自贸试验区,是顺应全球经贸发展新趋势,实行更加积极主动开放战略的一项重大举措。主要任务是要探索我国对外开放的新路径和新模式,推动加快转变政府职能和行政体制改革,促进转变经济增长方式和优化经济结构,实现以开放促发展、促改革、促创新,形成可复制、可推广的经验,服务全国的发展。建设上海自贸试验区有利于培育我国面向全球的竞争新优势,构建与各国合作发展的新平台,拓展经济增长的新空间,打造中国经济“升级版”。

2. 上海自贸试验区的涵盖范围有多大?

上海自贸试验区范围涵盖上海市外高桥保税区、外高桥保税物流园区、洋山保税港区和上海浦东机场综合保税区 4 个海关特殊监管区域,总面积为 28.78 平方公里。试验区管委会在此前上海综合保税区管委会的基础上组建。目前,上海市委常委、副市长艾宝俊兼任综合保税区管委会主任。

2009 年由洋山保税港区、外高桥保税区、浦东机场综合保税区等组成的上海综合保税区正式成立。2012年11月，上海市人大常委会表决通过了《上海市推进国际贸易中心建设条例》，提出在国家有关部门的指导下，推动海关特殊监管区域的功能创新和转型升级。2013年初，上海市政府工作报告提出，将试点设立自由贸易园区。同时，上海也向国家相关管理部门提交了在上海综合保税区设立自由贸易园区的申请，并积极协助商务部提交相关试点方案。2013年7月3日，国务院常务会议通过《中国(上海)自由贸易试验区总体方案》，使“自由贸易园区”定名为“中国(上海)自由贸易试验区”，并选定上海综合保税区进行试点。

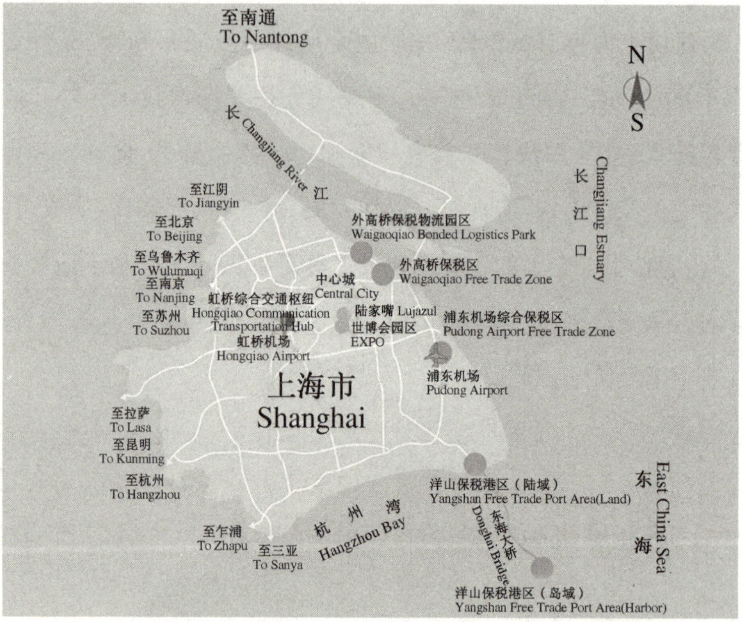

3. 上海自贸试验区的主要任务和总体目标是什么？

依据《总体方案》，试验区的主要任务包括五方面的改革创新：(1)加快政府职能转变;(2)扩大投资领域的开放;(3)推进贸易发展方式转变;(4)深化金融领域的开放创新;(5)完善法制领域的制度保障。这五项任务将紧紧围绕面向世界、服务全国的战略要求和上海“四个中心”建设的战略任务,按照先行先试、风险可控、分步推进、逐步完善的方式,把扩大开放与体制改革相结合,把培育功能与政策创新相结合,形成与国际投资、贸易通行规则相衔接的基本制度框架。

试验区的总体目标是:经过两至三年的改革试验,加快转变政府职能,积极推进服务业扩大开放和外商投资管理体制改革,大力发展总部经济和新型贸易业态,加快探索资本项目可兑换和金融服务业全面开放,探索建立货物状态分类监管模式,努力形成促进投资和创新的政策支持体系,着力培育国际化和法治化的营商环境,力争建设成为具有国际水准的投资贸易便利、货币兑换自由、监管高效便捷、法制环境规范的自由贸易试验区,为我国扩大开放和深化改革探索新思路和新途径,更好地为全国服务。

4. 为什么设立上海自贸试验区?

上海自贸试验区的建立,有其深刻的历史与现实背景。作为一项重大的国家战略,自贸试验区是在复杂多变的国际经济新形势下产生的。一方面是为了响应外部的压力,另一方面是为了探索中国改革开放的新路径。上海自贸试验区将成为中国进一步融入经济全球化的一个重要载体,也是进一步扩大对外开放、打造中国经济“升级版”的一块试验田。

在国际新一轮贸易投资规则谈判和制定的外部压力下,在内生改革需要动力和推力的重要关头,上海自贸试验区的建立是一项真正的国家战略。这是一个完整的、从经济体制到监管体制再到行政体制改革的综合试验区，它将创造出一个符合国际惯例、自由开放、鼓励创新的市场经济环境。

中国(上海)自由贸易试验区是中国改革开放以来第一个冠名“中国”的特区，并以形成可复制、可推广的经验为主要目的。简单来说，建立上海自贸试验区，就是要形成全国开放新格局中的先行试点，在接轨国际的制度规则、法律规范、政府服务、运作模式等方面率先实践，为我国深化改革开放提供可供借鉴的“制度试验池”和适合推广的新模式。

5. 上海自贸试验区设立的国内背景是什么？

近两三年，受全球金融危机影响，我国外贸出口增速放缓，对国内经济造成冲击，内需增长缓慢，产能过剩矛盾突出，结构转型任重道远。新一轮以科学技术和人力资本的投入为核心生产方式，以知识、信息和智力要素的生产、扩散与应用为经济增长的主要推动力的贸易模式正在冲击中国传统的制造业优势。

中国经济迫切需要一个“助推器”，帮助中国经济迈向更高能级的新阶段。由于在国际需求疲弱以及劳动力成本升高的背景下，中国不可能长期依赖外贸出口支撑经济增长，因此继续深化改革、扩大开放是未来中国经济可持续发展的关键。

目前中国不同区域之间发展水平还存在较大差异，体制改革又涉及行政体制、财税金融、要素价格、民生等多方面，因此在条件较为成熟的地区先行试点，对于探索经验，深化改革具有重大意义。设立上海自贸区不仅有助于促进贸易活动，更能加速要素流动，而且能够推动政府转变职能，释放改革红利，带动全国改革进程。

上海自贸试验区已经成为一场新的制度改革的起点。通过带动金融、税收、贸易、政府管理等一系列政策变革，可能为全国性的改革破局带来巨大的示范效应。上海自贸试验区的设立，意味着中国改革开放进入了全新的历史阶段。

有一些媒体报道称，试验区对中国经济的意义堪比30年前深圳经济特区的设立，以开放倒逼国内改革，探索新的发展模式。这种说法有一定道理，但并不全面。上海自贸试验区或许承载的信号有些类似当年的深圳经济特区，即改革思路是先建立“试验点”，探索经验，成功后再推广至全国。中央已将试验区定为“新形势下推进改革开放的重大举措”，也有这层含义。

但是试验区本身就不只是“开放”，而同时是“改革深水区”，这一点远超当年深圳经济特区的功能。它不是一两项税收优惠，也不是招商一两家骨干企业，而是机制和体制真正的全面创新和升级。这是一个完整的从经济体制到监管体制再到行政体制改革的综合试验区，它将创造出一个符合国际惯例、自由开放、鼓励创新的市场经济环境。

6. 上海自贸试验区设立的国际背景是什么？

中美双边投资协定、跨太平洋伙伴关系协议谈判、跨大西洋贸易与投资伙伴协议谈判等国际背景在一定程度上影响了上海自贸试验区的创想与设立。后两个协议如果在预期内顺利谈成，将在很大程度上改变世界经济贸易规则、标准和格局，而它们都不包括中国，中国企业未来在参与国际竞争的过程中将面对新的限制，同时中国企业参与国际投资活动将受到阻碍，国际竞争力将被削弱。

中美双边投资协定(简称中美 BIT)谈判于 2008 年正式启动,截至 2013 年 10 月双方共进行了 9 轮谈判,已完成核心议题和双方各自关注问题的初步讨论与技术性磋商。2013 年 7 月《第五轮中美战略与经济对话框架下经济对话联合成果情况说明》中表示:"中国同意与美国进行投资协定的实质性谈判。该投资协定将对包括准入环节的投资的各个阶段提供国民待遇,并以'负面清单'模式为谈判基础。"

跨太平洋伙伴关系协议(Trans-Pacific Partnership Agreement, TPP)的前身是跨太平洋战略经济伙伴关系协定(Trans-Pacific Strategic Economic Partnership Agreement, P4),是由亚太经济合作会议成员国中的新西兰、新加坡、智利和文莱等四国发起,从 2002 年开始酝酿的一组多边关系的自由贸易协定。其原名为亚太自由贸易区,旨在促进亚太地区的贸易自由化。2008 年美国宣布加入以后,全力推动打造跨太平洋全球最大自由贸易区。

随着包括加拿大、日本、韩国等国家的加入,TPP 将形成约 8 亿人口的市场,占全球经济约四成,规模比有 27 个成员国的欧盟还要大。TPP 将对亚太经济一体化进程产生重要影响。但中国尚未被邀请参加 TPP 谈判。

与过去常见的经济合作协议不同,TPP 增加了"战略合作"的内容,涵括了知识产权保护、劳工标准、环境标准和促进中小企业发展等内容。TPP 的初步目标,是在 2015 年实现成员之间的零关税,现在则将这一目标实现的时间定在 10 年之后。此外,TPP 还涉及金融监管、竞争政策、经济立法、市场透明、反腐败等多个领域。

跨大西洋贸易与投资伙伴协议(Transatlantic Trade and Investment Partnership, TTIP)的谈判于 2013 年 6 月正式启动。欧美自贸协定谈成后,世界上最大的自由贸易区将诞生。该协定让欧美市场融为一体,包括相互开放银行业、政府采购等,统一双方的食品安全标准、药品监管认证、专利申请与认证、制造业的技术与安全标准，并实现投资便利化等。

中美 BIT、TPP 与 TTIP 谈判有共同特点，即作为三项协定的主要参加者的美国都极力推行全面和高标准的贸易投资规则。除了传统贸易投资谈判中的关税、非关税壁垒和贸易便利化主题外，这三项谈判都着力于增进服务贸易市场准入、加强兼容性、透明度与合作，大量减少监管与标准方面的差异，同时维持卫生、安全与环保方面的高标准，以及制定全球关注的规则、原则与新型合作方式，包括知识产权和市场机制等议题。

据联合国贸发会议统计，2012 年中国已成为全球第三大对外直接投资经济体。在这一背景下，中方需要通过与美国在内的其他经济体缔结投资协定，确立更高层级的法律框架，从而切实提升中国投资者权益保障水平，促进对外投资。但作为发展中国家的中国，仍需谨慎作出实质性承诺。

这三大谈判对中国(上海)自由贸易试验区的推出有重大影响。通过在自贸区小范围的试点，带动金融、税收、贸易、政府管理等一系列政策变革，测试中国进一步开放和接受美式高标准贸易投资规则的承受力、风险和防范机制。上海自贸区的设立就是要先行试验国际经贸新规则新标准，积累新形势下参与双边、多边、区域合作的经验，为与美国等发达国家开展相关谈判提供参考，从而为中国参与新国际经贸规则的制定提供有力支撑。

7. 自贸试验区为什么首先在上海设立?

一是上海有较好的基础。上海开放型经济规模大，内外经济联系面广,国际化企业集聚度高,可以在一个比较高的起点上进行试点,承受风险的能力也相对较强。上海自由贸易试验区由现有的4个海关特殊监管区组成,具有良好的基础设施条件。这片区域已吸引各类投资企业12 000家,其中世界500强企业投资了230个项目,2012年进出口贸易额为1 130亿美元。

二是上海有较为成熟的监管制度和管理经验。2009年,上海市人民政府设立了综合保税区管理委员会,管理规范高效,有管理较高程度开放区域的很多经验,有助于下一步创新监管服务模式,促进各类要素的自由流动。

三是有较好的区位优势。上海地处长三角,拥有广阔的经济腹地,通过发挥辐射效应,可以带动更大范围、更广区域的开放开发。

8. 上海自贸试验区与保税区有什么区别?

保税区是设立在一国境内的特殊贸易区域。它在关税、进出口税以及部分监管措施上实行了特别安排,比如境外货物入区免税或保税,区内生产交易免增值税、营业税等。我国保税区和保税仓库起到类似自由港或自由贸易区的作用,但在开放程度、功能设计以及监督管理等方面还存在着较大区别,主要还是中转存放的作用,对周边的带动作用有限。

上海自贸区是在上海市外高桥保税区、外高桥保税物流园区、洋山保税港区和上海浦东机场综合保税区四个保税区的基础上建立的,但并不是四个保税区功能的简单整合。试验区试行的主要任务和目标远远超出保税内容,不只是税收安排,还包括服务业开放、金融创新、管理方式改革等内容。

上海自贸区将突破现有的条框，更强调贸易和投资自由化。举例而言，尽管此前的外高桥保税区具备了国际上自由贸易园区的部分功能，但面对企业需求和经济发展需求，还存在一定差距。上海自贸区在相关制度方面的突破和创新，则有利于跨国公司内部的全球调拨，同时吸引更多金融机构在区内注册开业。自由贸易区一般是物流集散中心，大进大出，加工贸易比较发达，对周边地区具有强大的辐射作用，能带动区域经济的发展。

9. 上海自贸试验区与自由港有什么区别？

自由港与保税区相似，不同之处仅在于适用税收优惠的空间范围。自由港顾名思义都是在港口城市，最初的税收减免是为了便利转口贸易，一般来说不从事保税区的加工、旅游、服务等内容。13 世纪法国将马赛港开辟为世界上第一个自由港，之后许多国家都开辟了自由港。绝大部分凭借其优越的地理位置、良好的港口和先进的运输、装卸设备，以豁免货物进出口关税和海关监督的优惠，以及开展货物储存、分级挑选、改装等业务便利，通过吸引外国货船、扩大转口贸易，发挥商品集散中心作用，以达赚取外汇收入的目的而发展起来。

上海自贸区除了贸易便利化与海关特殊监管之外，还尝试进行服务业的开放 、金融改革和政府管理经济职能的转型等，比自由港的功能要全面。除了贸易集聚扩散功能外，上海自贸区将主要发挥制度创新的示范带动功能。作为试点，上海自贸区将更加生动地体现先行先试的开放措施，包括开放度如何扩展、市场化进程如何推动、如何更好地与国际接轨等。如果在上海的示范效果显著，均可形成可推广经验，并向其他地区扩展。

10. 上海自贸试验区与国家(地区)间的自由贸易区有什么区别?

国家(地区)间的自由贸易区,即一般意义上的试验区,是由两个以上的国家或地区签订协定,约定对相互之间的贸易往来适用互免关税、税收优惠或其他优惠安排的区域。截至 2013 年 10 月 31 日,中国在建自贸区 18 个,涉及 31 个国家和地区。其中,已签署的自贸协定有 12 个,涉及 20 个国家和地区,分别是中国与东盟、新加坡、巴基斯坦、新西兰、智利、秘鲁、哥斯达黎加、冰岛和瑞士的自贸协定,中国内地与中国香港、澳门的更紧密经贸关系安排(CEPA),以及中国大陆与中国台湾的海峡两岸经济合作框架协议(ECFA),除了与冰岛和瑞士的自贸协定还未生效外,其余均已实施;正在谈判的自贸协定有 6 个,涉及 22 个国家和地区,分别是中国与韩国、海湾合作委员会(GCC)、澳大利亚和挪威的自贸谈判,以及中日韩试验区和《区域全面经济合作伙伴关系》(RCEP)协定谈判。

上海自贸区是中国根据其自身情况单方面设立的特殊区域,不涉及双边或多边协定。上海自贸区的贸易、投资和金融方面的政策对所有贸易商和投资者一致适用,不设专门针对某些国家的特定优惠。

原则上,在上海自贸区内,除非与其他国家或地区签订的双边贸易与投资协定的相关内容比自贸区现有规定更优惠,一般均适用上海自贸区规定。如服务业开放,依据 CEPA 对中国港澳居民控股企业进入一些服务业的安排比上海自贸区负面清单力度更大,那么在此情况下适用 CEPA;但是,如果系非中国港澳居民控股企业希望在上海自贸区投资此类行业的,则仍然适用负面清单。

11. 上海自贸试验区涵盖的四大保税区的基本情况如何?

区域	资　　料	面积(平方公里)
外高桥保税区	1990年9月正式启动,是全国第一个,也是目前全国15个保税区中经济总量最大的保税区。2011年9月外高桥保税区被商务部授予全国第一个“国家进口贸易促进创新示范区”,已成为上海重要的国际贸易基地。同时,外高桥保税区做大做强酒类、钟表、汽车、工程机械、机床、医疗器械、生物医药、健康产品、化妆品、文化产品十大专业贸易平台,其中文化贸易平台被文化部授予全国首个“国家对外文化贸易基地”。外高桥保税区专业商品贸易规模不断扩大,2012年进口手表、酒类、化妆品分别占全国的43%、37%、29%;进口医药品、医疗器械分别增长40%和29%,占全国的24%和21%	10
外高桥保税物流园区	国务院特批的全国第一家保税物流园区,同时是上海市“十一五”期间重点规划的三大物流基地之一,于2004年4月15日通过海关总署联合验收小组验收。与外高桥港区连成一体,距离外高桥保税区仅有3公里。保税物流园区是国内首个实施“区港联动”的试点区域,可同时享受保税区、出口加工区相关政策和上海港的港航资源。依托“区区联动”、“进区退税”等政策功能优势,保税物流园区与外高桥保税区相辅相成、联动发展,现已成为跨国公司面向东北亚的出口采购中心和有色金属、IT零部件进口分拨基地	1.03
浦东机场综合保税区	2010年9月28日正式运作,位于我国东部沿海经济带与长江流域交汇点,紧邻货邮吞吐量世界第三的浦东国际机场,又处于亚、欧、美三角航线上。机场综保区充分发挥其亚太航空复合枢纽港优势,积极打造“临空服务创新试验区”,已引进包括电子产品、医疗器械、高档消费品等全球知名跨	3.59

续 表

<table>
<tr><th>区域</th><th>资　　料</th><th colspan="3">面积(平方公里)</th></tr>
<tr><td>浦东机场综合保税区</td><td>国公司空运分拨中心以及百余个融资租赁项目，UPS、DHL 和 FedEx 三大全球快件公司均入区发展，一批重点功能性项目已启动运作，机场综保区已逐步形成空运亚太分拨中心、融资租赁、快件转运中心、高端消费品保税展销等临空功能服务产业链</td><td colspan="3">3.59</td></tr>
<tr><td rowspan="2">洋山保税港区</td><td rowspan="2">2005 年 12 月 10 日在洋山深水港开港时正式启用，是上海市和浙江省跨区域合作建设，实行海关封闭监管的特殊功能区域，也是我国第一个保税港区。作为上海建设“国际航运发展综合试验区”的核心功能区域，洋山保税港区集聚了包括通信及电子产品、汽车及零部件、高档食品、品牌服装等的分拨配送中心，基本形成了面向欧美的分拨配送基地、大宗商品产业基地、面向国内的进口贸易基地以及航运龙头企业集聚地。目前，洋山税收、进出口等指标均在全国保税港区中排名第一，是全国 14 家保税港区中发展最快、产出效益最高的保税港</td><td rowspan="2">14.16</td><td>陆域面积</td><td>6.85</td></tr>
<tr><td>岛域面积</td><td>7.31</td></tr>
</table>

12. 什么是海关特殊监管区域？

外高桥等四大保税区都属于海关特殊监管区域。海关特殊监管区域是经国务院批准，设立在中华人民共和国关境内，赋予承接国际产业转移、连接国内国际两个市场的特殊功能和政策，由海关为主实施封闭监管的特定经济功能区。海关特殊监管区域有保税区、出口加工区、保税物流园区、跨境工业园区、保税港区、综合保税区多种模式。

在监管模式上，海关特殊监管区域具有一线和二线的通关特征，总的来说是一种“O”形监管方式，自由贸易试验区在整个贸易便利化和国际规则的衔接上要努力培育一种真正做到“一线放开，二线管住”的区内自由的“U”形监管模式。

试验区不再侧重于一般的货物贸易，也不是一般的加工贸易的培育。它所推进的项目建设远远超出了原来特殊监管区域的范围，由追求传统的简单经济发展指标，转向更加注重金融领域、服务贸易领域、航运领域的功能拓展。特别是在制度创新的前提下，推进新型贸易业态的转变。

据上海自贸试验区管委会解读，试验区不限于传统保税区的一般做法，不拘于一般开发区的内容框架，是以制度创新为核心，通过带动投资、金融、贸易、政府管理等一系列制度变革，培育中国面向全球的竞争新优势，构建与各国合作发展的新平台，其实质已超越了海关特殊监管区域的功能定位，与新加坡自由港等模式均有所不同。

13. 上海自贸试验区管委会是什么性质的机构？

上海自贸试验区管委会是上海市人民政府的派出机构，具体落实自贸试验区改革任务，统筹管理和协调自贸试验区有关行政事务。根据《中国（上海）自由贸易试验区管理办法》（以下简称《管理办法》），上海自贸试验区管委会主要履行以下九方面的职责：

一是负责推进落实自贸试验区各项改革试点任务，研究提出并组织实施自贸试验区发展规划和政策措施，制定自贸试验区有关行政管理制度。

二是负责自贸试验区内投资、贸易、金融服务、规划国土、建设、绿化市容、环境保护、劳动人事、食品药品监管、知识产权、文化、卫生、统计等方面的行政管理工作。

三是领导工商、质监、税务、公安等部门在自贸试验区内的行政管理工作;协调海关、检验检疫、海事、金融等部门在自贸试验区内的行政管理工作。

四是承担安全审查、反垄断审查相关工作。

五是负责自贸试验区内综合执法工作,组织开展自贸试验区内城市管理、文化等领域行政执法。

六是负责自贸试验区内综合服务工作,为自贸试验区内企业和相关机构提供指导、咨询和服务。

七是负责自贸试验区内信息化建设工作,组织建立自贸试验区监管信息共享机制和平台,及时发布公共信息。

八是统筹指导自贸试验区内产业布局和开发建设活动,协调推进自贸试验区内重大投资项目建设。

九是承担市政府赋予的其他职责。

除此之外,原由上海外高桥保税区管理委员会、洋山保税港区管理委员会、上海综合保税区管理委员会分别负责的有关行政事务,统一由管委会承担。

14. "先行先试、风险可控、分步推进、逐步完善"指的是什么?

上海自贸试验区所承担的五项任务(见第3问),是对过去开放模式的根本性变革,其难度和风险巨大,而且无先例可行。上海自贸试验区不是简单的进一步优惠、免税式的重复或加深政策洼地,而是通过制度创新,通过试错和改革实践,将中国的改革开放全方位推向一个新的高度。在这个试验过程中,许多制度创新无法一步到位,也不宜一步到位,而应当区分不同情况下的市场需要和压力，在充分评估和衡量风险后逐步推进。

如已经公布的负面清单，是试验区的第一轮服务业开放试验，重点是考察政府从审批制转向备案制后的风险管理能力和市场反应。根据实际效果和经济发展情况，负面清单还会继续做调整，开放力度可能逐渐加大。政府也将在新的备案管理中发现问题，并不断提高应对能力和效率。

又比如金融领域的开放，中国人民银行表示“成熟一项，推出一项”，这也是对风险可控、逐步推进的实践。试验区利率市场化将在宏观审慎金融管理框架内，根据服务区内实体经济发展需要、金融市场主体培育目标，以及市场环境建设情况，稳步推进。风险控制核心就是要防止短期资金、短期资本的大进大出，维护宏观金融稳定。

事实上，在试验区首先试验改革与开放的新措施，本身即是一种“先行先试、风险可控”的做法。一方面，进一步的贸易、金融、税收，乃至社会和监管政策可以在自贸区里先行先试，帮助各个方面分享改革的红利，也让改革的示范效应更容易在全国其他地方被接受。另一方面，各个方面也可以通过亲身经历自贸区里的新政策，对新政策的制定、实施、调整，提出第一手的经验和反馈，从而对进一步的改革做好准备。至于改革所带来的风险，成立自贸区就是希望以试验区的方式，把风险控制在可控范围内，控制在自贸区内，以避免对整体经济产生不必要的冲击和影响。

15. 上海自贸试验区承担哪些重要探索任务？

上海自贸试验区肩负着全面深化改革和扩大开放探索新途径、积累新经验的重要使命，将发挥示范带动、服务全国的积极作用。主要开展以下

几方面的改革与探索:

一是推进服务业扩大开放和投资管理体制改革。(1)全面实施准入前国民待遇和负面清单管理;对负面清单以外的投资全部实行备案制,精简投资项目管理、外商投资企业设立及变更管理、工商登记等环节。(2)重点推进服务业——金融服务、航运服务、商贸服务、专业服务、社会服务、文化服务六大领域的开放。(3)鼓励对外直接投资,积极推进备案管理。

二是推动贸易转型升级,创新监管服务模式。(1)积极培育贸易新型业态和功能,形成以技术、品牌、质量、服务为核心的外贸竞争新优势,加快提升我国在全球贸易价值链中的地位。(2)鼓励跨国公司建立亚太地区总部,建立整合贸易、物流、结算等功能的营运中心。(3)深化国际贸易结算中心试点,拓展专用账户的服务贸易跨境收付和融资功能。(4)支持试验区内企业发展离岸业务。(5)鼓励企业统筹开展国际国内贸易,实现内外贸一体化发展。(6)探索在试验区内设立国际大宗商品交易和资源配置平台,开展能源产品、基本工业原料和大宗农产品的国际贸易。(7)扩大完善期货保税交割试点,拓展仓单质押融资等功能。(8)加快对外文化贸易基地建设。(9)推动生物医药、软件信息、管理咨询、数据服务等外包业务发展。(10)允许和支持各类融资租赁公司在试验区内设立项目子公司并开展境内外租赁服务。(11)鼓励设立第三方检验鉴定机构,按照国际标准采信其检测结果。(12)试点开展境内外高技术、高附加值的维修业务。(13)加快培育跨境电子商务服务功能,试点建立与之相适应的海关监管、检验检疫、退税、跨境支付、物流等支撑系统。

三是深化金融领域开放。(1)加快金融制度创新。在风险可控前提下,可在试验区内对人民币资本项目可兑换、金融市场利率市场化、人民币跨境使用等方面创造条件进行先行先试。(2)在试验区内实现金融机构资产方价格实行市场化定价。探索面向国际的外汇管理改革试点,建立与自由贸易试验区相适应的外汇管理体制，全面实现贸易投资便利化。(3)鼓励企业充分利用境内外两种资源、两个市场，实现跨境融资自由化。(4)深化外债管理方式改革，促进跨境融资便利化。(5)深化跨国公司总部外汇资金集中运营管理试点，促进跨国公司设立区域性或全球性资金管理中心。(6)建立试验区金融改革创新与上海国际金融中心建设的联动机制。(7)推动金融服务业对符合条件的民营资本和外资金融机构全面开放，支持在试验区内设立外资银行和中外合资银行。(8)允许金融市场在试验区内建立面向国际的交易平台。(9)逐步允许境外企业参与商品期货交易。(10)鼓励金融市场产品创新。(11)支持股权托管交易机构在试验区内建立综合金融服务平台。(12)支持开展人民币跨境再保险业务，培育发展再保险市场。

四是探索建立与国际投资和贸易规则体系相适应的行政管理体系，培育国际化、法治化的营商环境。(1)推进实施“一线放开”。(2)坚决实施“二线安全高效管住”。(3)进一步强化监管协作。(4)实施促进投资的税收政策。(5)实施促进贸易的税收政策。(6)积极研究完善适应境外股权投资和离岸业务发展的税收政策。

政府改革

16. “政府职能转变”的总体目标是什么？主要体现在哪些方面？

总体目标是按国家化、法治化要求，建立与国际高标准投资和贸易规则体系相适应的行政管理体系。

政府管理方面，从注重事前审批转向注重“事中事后”监管。政府服务方面，建立“一口受理”、综合审批服务模式，通过完善信息网络平台，实现部门间协同管理，实现高效便捷的服务，促进投资和贸易便利化。

17. 为什么要加强“事中事后”监管？主要包括哪些内容？

我国政府在经济管理领域，一直以来存在“重审批，轻监管”的问题，“重审批”产生市场准入障碍，“轻监管”造成政府监管缺位，许多市场无法实现规范持续发展。从“重审批，轻监管”到“宽准入，严监管”，是政府职能转变的重要方面。

“事中事后”监管的加强和审批制度改革相对应的。在投资管理准入上，取消审批制，能降低投资准入门槛，提高投资便利化水平，激发各类主体的创业热情和投资活力，改善投资环境。取消和减少审批权，不意味着“政府不作为”，而是“政府作为”的环节、管理方式都发生了变化。“事中事后”监管制度就是政府在哪些方面以及如何管理各类运营中的市场主体。

注重“事中事后”监管是试验区制度创新的核心内容。截至目前，试验区“事中事后”监管制度框架方案还在研究制定过程中。待框架方案明确后，试验区将通过实践，逐步完善“事中事后”管理体系。

试验区“事中事后”监管将主要从以下方面着手：建立监管信息共享机

制和平台、综合执法体系、综合评估机制、信息公开机制、反垄断和安全审查机制、社会信用体系等制度,试点工商登记制度改革,加强知识产权保护执法,鼓励社会组织参与市场监督等方面。

18. “一口受理”机制适用事项包括哪些?

“一口受理”机制是政府办事流程的优化,简单而言是“一表申请,一口受理”。“一口受理”窗口“统一接收申请材料,统一向申请人送达有关文书”。

试验区目前实行“一口受理”机制的事项包括:外商投资项目核准(备案)、企业设立(变更)以及企业境外投资备案。

19. “一口受理”流程是怎样的?

为外商投资企业设立和境外投资备案“一口受理”流程如图所示,各流程具体要求和网上填报可通过中国(上海)自由贸易试验区投资办事直通车网站(http://zwdt.sh.gov.cn/shen3hall/zmq/index/index.jsp)查询和申报。

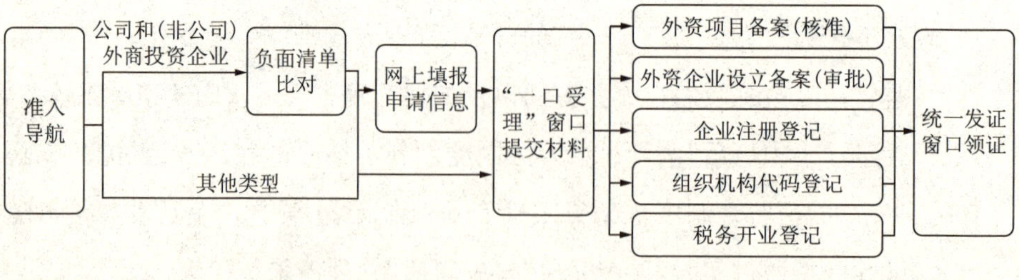

试验区外商投资企业设立“一口受理”流程

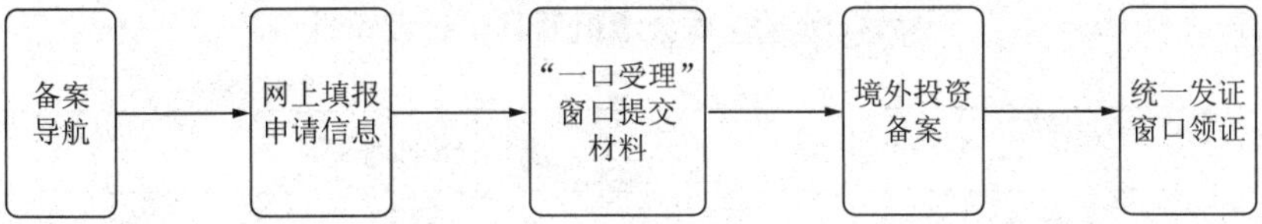

试验区境外投资备案“一口受理”流程

20. “一口受理”带来的便利有哪些？

“一口受理”工作机制帮助企业简化办事流程。按一般流程，企业要到工商、质监、税务等各部门分别提交材料；而在“一口受理”工作机制下，企业只需要到一个窗口提交材料。

对于外商投资企业设立事项，如果外商投资领域在负面清单之外，而且没有投资项目核准事项，提交的材料齐全且符合法定形式，试验区完成窗口收件后，可以在 4 个工作日内办结。在原来审批制和一般流程下，外商投资企业设立至少需要 29 个工作日。

对于区内企业办理境外投资备案事项，如果境外投资是一般项目，材料齐全且符合法定形式时，试验区完成窗口收件后，可以在 5 个工作日内办结相关事项。

21. 目前上海自贸试验区管委会承担的行政审批事项有哪些？

在外高桥综合保税区管委会原有事权基础上，上海自贸试验区管委会行政审批事项进一步增加，涉及投资管理、规划土地、建设、环保、知识产权、科技管理等相关审批事项，具体如下表所示。

上海自贸区管委会承担的具体行政审批事项

序号	委托部门	行政审批事项
1	投资管理部门	企业投资项目的核准
2	商务管理部门	(1) 外商投资企业设立和变更审批 (2) 境外投资开办企业审批
3	规划管理部门	(1) 建设项目选址意见书、核定规划条件、建设用地规划许可证、建设工程规划设计方案、建设工程规划许可证的审批 (2) 建设工程竣工规划验收
4	土地管理部门	除新增建设用地外,国有土地使用权划拨、出让等建设项目用地预审
5	建设管理部门	(1) 建设项目报建许可 (2) 建设项目初步设计审批 (3) 建设工程施工许可 (4) 占用城市道路人行道设置各类设施许可 (5) 临时占路及公路用地许可 (6) 桥梁安全保护区域内施工许可 (7) 掘路许可 (8) 道路用地范围内埋设管线和管线穿越、跨越道路审批 (9) 增设改建平面交叉道口许可 (10) 超限运输车辆行驶许可 (11) 外商投资企业首次申请建设工程设计和建筑业企业资质许可
6	绿化市容管理部门	(1) 建设项目配套绿化方案审批及竣工验收、临时使用绿地许可(含公共绿地) (2) 迁移、砍伐树木(古树名木除外)许可 (3) 调整公共绿地内部布局、服务设施设置许可 (4) 户外广告设施设置或者宣传品、标语的张贴、悬挂许可 (5) 户外非广告设施设置审批 (6) 配套建设的环境卫生设施规划、设计方案的审批和竣工验收

续 表

序号	委托部门	行政审批事项
7	环境保护管理部门	(1) 建设项目环境影响评价、试生产、竣工验收的审批 (2) 建筑工地夜间施工审批 (3) 污染物处理设施闲置、拆除的审批
8	民防管理部门	(1) 结建民防工程审批和施工图审查 (2) 民防工程建设费的收取和减免审核 (3) 民防工程竣工验收 (4) 民防工程的拆除审批
9	科技管理部门	高新技术企业认定初审
10	人力资源社会保障管理部门	(1) 企业实行其他工作时间审批 (2) 外国人来沪的就业审批 (3) 台、港、澳人员来沪就业审批,定居国外中国人在沪就业核准,外国专家来沪工作许可,办理《上海市居住证》B证
11	水务管理部门	(1) 临时停止供水或者降低水压审批 (2) 排水许可证核发
12	知识产权管理部门	(1) 专利代理机构申报初审和专利广告出证 (2) 境外图书出版合同登记 (3) 复制境外音像制品著作权授权合同登记 (4) 进口图书在沪印制备案
13	文化管理部门	演出经纪机构在自贸试验区内举办演出活动的审批
14	卫生计生管理部门	建设项目预防性卫生审查
15	食品药品监督	(1) 药品零售企业开办、变更许可 (2) 餐饮服务许可 (3) 互联网药品交易企业审批

与原来外高桥保税区管委会、洋山保税港区管委会和综合保税区管委会的行政审批事项相比，上海自贸区管委会在审批事项上增加了“境外投资开办企业审批”、“知识产权管理部门委托的审批事项”以及“文化管理部门和食品药品监督部门委托的相关企业设立许可审批事项”。

行政审批事项的下放和集中有助于管委会提供高效便捷的公共服务，也为简化企业办事手续提供了条件。

22. 监管信息共享机制和平台指什么？政策目标是什么？

监管信息共享指不同部门之间通过信息网络平台，实现监管信息的互通、交换和共享。各部门包括海关、检验检疫、海事、金融、发展改革、商务、工商、质监、财政、税务、环境保护、安全生产监管、港口航运等。

监管信息共享机制和平台将由自贸试验区管委会组织建立。监管信息共享机制和平台有助于实现不同部门的协同管理、优化管理流程，提高高效便捷服务，加强“事中事后”监管。

23. 综合性评估机制指什么？能起到什么作用？

综合性评估指跟踪、监管和归集行业信息，对行业整体、行业企业试点实施情况和风险防范进行综合评估，提出评估报告。上海市发展改革部门将会同有关部门和管委会建立工作机制，开展综合性评估。

通过综合性评估机制，一方面能加强对区内企业在区外经营活动的全过程跟踪、管理和监督，另一方面还能推进完善扩大开放领域、试点内容和制度创新措施。

24. 为什么要建立“集中统一的市场监管综合执法体系”？

综合执法指相对集中行使行政处罚权，能较好解决“多头执法、重复处罚、职责交叉”等问题。行政机关或其他行政主体，根据其法定职权和程序，对违反行政法规尚未构成犯罪的相对人给予行政制裁的具体行政行为，为行政处罚。

政策目标是把相对分割的执法格局集中统一起来，形成综合执法格局，实现高效监管。

25. 哪个机构承担上海自贸试验区内的综合执法职责？

试验区管委会综合执法机构负责区内综合执法工作。目前，试验区管委会已在其机构设置中设立了“综合监管和执法局”。

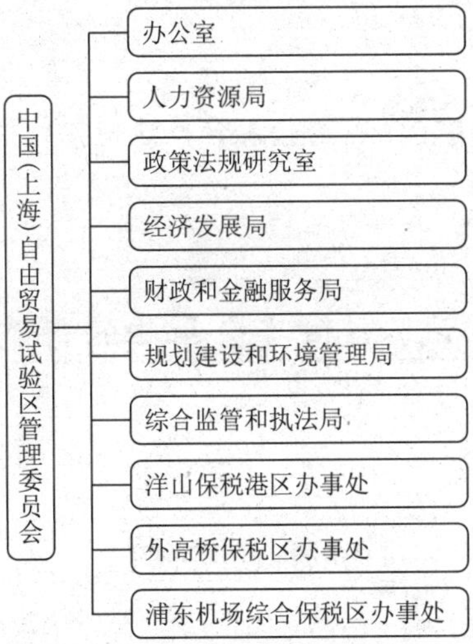

上海自贸试验区管委会组织结构

26. 上海自贸试验区内综合执法涉及的相关管理领域主要包括哪些?

目前,试验区内综合执法工作涉及城市管理、文化等领域。具体而言,集中行使三个方面的行政执法职责:

一是城市管理和文化领域,集中行使相应的行政处罚权,以及与行政处罚权有关的行政强制措施权和行政检查权,具体范围依据为《上海市城市管理相对集中行政处罚权暂行办法》、《上海市人民政府关于扩大浦东新区城市管理领域相对集中行政处罚权范围的决定》和《上海市文化领域相对集中行政处罚权办法》规定的行政处罚权。

二是规划国土、建设、住房保障房屋管理、环境保护、民防、人力资源社会保障、知识产权、食品药品监管、统计领域,原由市相关部门依据法律、法规和规章行使的行政执法职责,由管委会综合执法机构集中行使相应的行政处罚权,以及与行政处罚权有关的行政强制措施权和行政检查权。

三是市政府决定由管委会综合执法机构行使的其他行政处罚权。

27. 上海自贸试验区管委会承担的行政服务和管理事项主要包括哪些方面?

试验区管委会在区内的行政管理职责,可分为以下三类:

一是管委会负责的行政管理工作,包括投资、贸易、金融服务、规划国土、建设、绿化市容、环境保护、劳动人事、食品药品监管、知识产权、文化、卫生、统计等方面；管委会还负责区内综合服务工作，为区内企业和相关机构提供指导、咨询和服务；管委会将依据区内布局和企业需求，设立集中服务场所，集中办理行政服务和管理事项。

二是管委会领导相关部门在区内的行政管理工作，包括工商、质监、税务、公安等部门。

三是管委会协调相关部门在区内的行政管理工作，包括海关、检验检疫、金融等部门。

海关、检验检疫、海事、工商、质监、税务、公安等部门设立试验区办事机构，依法履行有关监管和行政管理职责。

管委会承担具体管理事务，总结如下表所示。

上海自贸试验区管委会承担的具体管理事务

序号	职　　能	具体管理事务
1	规划国土	(1) 编制区域内控制性详细规划、土地出让计划及各专项规划，并按法定程序报批 (2) 审批区域内产业用地控制性详细规划指标的调整 (3) 负责区域内土地利用监管等
2	建　　设	(1) 建设工程招标投标备案，设计文件审查 (2) 建设工程规划开工放样验收 (3) 基础建设(正负零零)及结构封顶备案 (4) 建设项目规划参数调整(包括小于2.0容积率，绿化率，建筑密度，建筑高度，工业、仓储、研发用地相互转换、拆分及合并) (5) 建设工程质量安全监督检查、竣工备案、建设工程档案验收等建设工程管理工作
3	绿化市容	(1) 建筑垃圾和工程渣土处置申报管理 (2) 生活垃圾分类及处置申报管理 (3) 绿化专业工程安全质量监督申报、现场监督管理 (4) 绿地范围控制线划定及调整

续 表

序号	职　能	具体管理事务
4	民　　防	(1) 民防建设工程安全质量监督申报、监督检查管理 (2) 民防工程的维护管理和安全使用管理的监督检查 (3) 地下空间安全使用管理的综合协调
5	环境保护	(1) 编制区域规划环评及其跟踪评价,并按规定程序报批 (2) 组织区域环境、污染源的监测和监督管理 (3) 负责污染事故应急处理
6	安全生产	安全生产监督检查
7	文　　化	演出经纪机构、文化娱乐场所和游戏、游艺设备生产企业的日常监管
8	食品药品监督	食品、药品、医疗器械、保健食品和化妆品生产经营活动的日常监管
9	统　　计	统计管理、协调和监督检查

28. 信息公开机制政策目标是什么?信息公开机制包括哪些方面?

上海自贸区明确,信息公开机制政策目标是为了提高行政透明度、体现投资者参与和符合国际规则。

透明度原则在国际规则体系中扮演着日益重要的角色。在WTO体制中,透明度原则已与国民待遇原则、最惠国待遇原则相提并论,是实现其他原则的重要保障。在一些高标准的多边和双边投资协定中,一般也包含了透明度要求。透明度原则要求信息的公开及可获得。例如,美国2004年和2012年双边投资协议范本都要求:投资相关的法律和决策要适当公开并可供公众查询;如果在法律法规、工作程序以及有普遍约束力行政规章方面计划采取任何措施，缔约方要提前公开信息，并且要给利害关系人和缔约人合理的机会就措施提出意见；缔约方要保证，按照国内法程序给受直接影响的投资者合理通知等。

根据中国2001年缔结的入世承诺，我国承诺WTO成员获得有关货物贸易、服务贸易、与贸易有关的知识产权或外汇管制的法律、法规及其他措施，并尽最大可能在实施或执行前，使WTO成员获得这些法律、法规及其他措施。不过，根据在华外商企业和在华外企商会反映，中国透明化程度还有待改善，与WTO承诺还相差较远。

从国内来看，政府信息公开是建设现代政府，提高政府公信力和保障公众知情权、参与权、监督权的重要举措。随着我国《政府信息公开条例》等法律法规的实施，我国政府信息公开初步建立了制度框架，政府信息公开执行取得了一定的成效，但在信息公开的覆盖范围、全面性、完整性等方面仍存有许多不足之处，离透明政府建设仍存不少差距。在投资管理方面，投资政策的一些具体规定往往模糊不清，许多具体公共政策的制定过程往往未向相关投资者征求意见。

上海自贸试验区将信息公开机制建设作为转变政府职能的重要举措，其内容主要包括政策信息的公开透明、政策措施制定和调整过程要主动征求意见，以及执法检查情况要及时公开。具体而言：

在政策信息公开方面，管委会和有关部门在履职过程中，制作或获取的政策内容、管理规定、办事程序集规则等信息应当公开、透明，方便企业查询；

在企业意见征求方面，在有关政策措施、制度规范制定和调整过程中，试验区应主动征求区内企业意见；

在执法检查信息公开方面，试验区执法检查情况，应依法及时公开，若涉及食品药品安全、公共卫生、环境保护、安全生产的，还应当公开处理进展情况,发布必要警示、预防建议等信息。

29. 工商登记制度改革如何确保企业信息的真实性?

工商登记制度改革是我国政府管理转向“宽准入,严监管”的重要举措,主要内容包括注册资本认缴登记制、先照后证、用年度报告公示制代替“工商年检制度”,以及建立企业信用信息制度等措施。

在“年度报告公示制”下,企业要在规定期限内,向工商部门报送年度报告。工商部门将通过市场主体信用信息公示系统向社会公示。

根据规定,企业要对年度报告的真实性、合法性负责。“真实性”将通过两方面实现:一是信息公开,任何单位和个人均可查询到公示内容,这能一定程度上鼓励社会力量参与监督。二是经营异常名录制度。如果企业没有按规定期限公示年度报告,或登记机关无法通过企业登记的住所(经营场所)和企业取得联系,企业将被登记机关载入“经营异常名录”,并通过市场主体信用信息公示系统向社会公示。

根据上海市工商行政管理局发布的《关于中国(上海)自由贸易试验区内企业登记管理的规定》,纳入“经营异常名录”的企业,必须在三年内履行年度报告公示义务,才能向登记机关申请恢复正常记载状态;超过三年未履行年度报告公示义务的,将永久载入经营异常名录,不得恢复正常记载状态,并列入严重违法企业名单。

工商登记制度改革在企业设立阶段简化了手续,在一定程度上降低了市场主体准入门槛;与此同时,政府从前端控制转向后端控制,从静态监管转为动态监管,将通过市场主体信用信息公示系统,强化信用信息公示,完善约束机制。对备案信息的承诺事项进行检查,记入诚信档案,完善诚信管理，鼓励企业诚信经营行为。

实际上，2013 年，广州、深圳等地已开启商事登记制度改革，商事登记数量呈现快速增长，取得了较好的效果。上海自贸区工商登记制度改革的内容与广州、深圳等地商事登记制度改革的内容基本相似，体现《总体方案》中“工商登记与商事登记制度改革相衔接”的要求。2013 年 10 月 25 日，国务院总理李克强在国务院常务会议上部署推进公司注册资本登记制度改革，以降低创业成本，激发社会投资活力。改革内容包括放宽注册资本登记条件、年度报告制度、放宽市场主体住所(经营场所)登记条件、推进企业诚信制度建设、推进注册资本认缴等，与广州、深圳和上海自贸试验区等地工商登记制度改革内容基本相同。

30. 为什么要加强知识产权保护？我国知识产权保护的现状是怎样的？

上海自贸试验区明确将加强知识产权保护。知识产权保护是各国发展科技，提高核心竞争力的必然选择，是我国国家知识产权战略的重要内容。知识产权保护在国家投资规则中的地位越来越重要，是各类双边和多边投资协定谈判的重要内容。

虽然我国知识产权法律法规体系正在逐步建立和完善过程中，但知识产权保护面临多种挑战，存在侵权成本低、维权成本高、法院执行力不够以及行政执法手段不强等问题。美国商会下属的全球知识产权中心 2013 年发布了《2012 年度知识产权报告》，报告评估了全球 134 个国家知识产权保护情况，在重点关注的美国、英国、中国、印度等 11 国中，我国在满分为 5 分的执法力度评估中，以 0.5 分位列 11 国末位，英国以 4.77 分位列首位。

我国知识产权保护包括行政保护和司法保护两方面,在行政保护方面,行政保护和行政执法分布于多部门,存在行政管理和行政执法一体化以及“分散执法、多头保护”的问题,专利、商标和版权的授权以及注册和登记管理分别由知识产权局、工商部门和版权局管理,进出口知识产权、科技项目和成果管理、农产品知识产权管理等则分别由相应职能部门管理。在司法保护方面,存在法院执法调查、取证困难,以及判决后执行困难等问题。

31. 上海自贸试验区将如何加强知识产权保护?

自贸试验区将通过建立知识产权纠纷调解、援助等解决机制,鼓励和支持专业机构提供知识产权调解、维权援助等服务,加强知识产权保护。

根据《管理办法》,试验区管委会承担了多项与知识产权有关的职责,希望能促进实现知识产权领域的便捷服务和高效监管。

在行政审批方面,知识产权管理部门委托管委会承担的事项包括:专利代理机构申报初审和专利广告出证、境外图书出版合同登记、复制境外音像制品著作权授权登记合同、进口图书在沪印制备案。

在行政管理方面,管委会负责区内知识产权方面的行政管理工作,负责区内专利纠纷的行政调解和处理。

在行政处罚方面,管委会综合执法机构行使知识产权管理部门依据法律、法规和规章,对著作权、专利权方面的违法行为行使行政处罚权。

海关、工商、质监、公安等部门在区内设办事机构,也会负责相关的知识产权工作,如知识产权海关保护、地理标志、商标等相关内容的监管和行政管理职责。

另外,《管理办法》还提出,要支持上海市仲裁机构依据法律、法规和国际管理,完善仲裁规则,提高试验区商事纠纷仲裁专业水平和国际化程度;支持各类商事纠纷专业调解机构依照国际惯例,采取多种形式,解决区内商事纠纷。因此,仲裁、调解等解决途径也适用于知识产权纠纷。

近年来,不少地方已建立起知识产权维权援助中心或平台,以及各类知识产权纠纷调解中心。

2007 年,国家知识产权局下发《关于开展知识产权维权援助工作的指导意见》,要在全国设立一批知识产权维权援助中心,帮助知识产权权利人提高维权水平,合理、依法应对知识产权纠纷。自此,各地纷纷设立维权援助平台,取得了一定效果,但我国维权援助机制还处于起步阶段,仍存不少问题。

2008 年,中国互联网协会调解中心正式挂牌成立,一些互联网企业和著作权人递交意向书,表示若发生有关互联网知识产权纠纷时,将优先考虑到调解中心解决。2010 年,北京中关村成立知识产权纠纷诉前调解中心,是我国首家知识产权纠纷诉前调解的专业性机构。专业性、分工细化的知识产权纠纷调解组织不断建立,民间调解的作用开始增加。

自贸试验区内,海关引入了知识产权授权许可白名单建设,引导跨境电子商务企业通过对商户信息和商品信息进行备案,便利合法授权商品快速通关以及争议商品确权。

自贸试验区知识产权管理和执法体系是自贸试验区改革创新的重要组成内容。除海关外,还有其他的知识产权执法机构参与其中,如自贸试验区综合执法机构统一施行上海市知识产权行政执法的集中管理(包括版权、专利等);工商部门在区内设立了自贸试验区分局处理职责范围内商标侵权事宜;法院和检察机关也在自贸试验区内设置了派出机构等。

区内知识产权管理和执法体制的统一,行政保护和司法保护的衔接,边境保护和境内保护的协同,将是自贸试验区知识产权保护工作的趋势。在自贸试验区内,海关将加强与其他知识产权执法机构的执法协作,在信息共享、案件通报等方面加强合作,合力构筑知识产权的严密监管网络。

扩大开放

32. 上海自贸试验区金融开放措施涉及哪些领域？包括哪些方面？

自贸试验区内金融开放措施涉及三大领域，分别是商业银行领域、证券期货领域及金融保险领域。

关于商业银行领域的金融开放措施主要包括：中资银行、外资银行、民间资本等的试验区市场准入，自贸试验区内中外合资银行、非银行金融公司、有限牌照银行等的设立以及外资银行离岸业务的开设等三个方面。

关于证券期货领域的金融开放措施主要包括：在自贸试验区内筹建国际原油期货平台、面向境内外证券期货市场的双向投资试点、区内注册企业的境外母公司在境内市场发行人民币债券、试验区内风险管理子公司的设立以及开展大宗商品及金融衍生品的柜台交易等五个方面。

关于金融保险领域的金融开放措施主要包括：试点设立外资专业健康保险机构、开展人民币跨境再保险业务以及开展境外投资试点等三个方面。

33. 上海自贸试验区内允许外资与民资更大程度进入银行业具体指什么？

依照加入 WTO 的承诺清单，中国已于 2006 年取消所有对外资银行的所有权、经营权的设立形式，包括所有制的限制，允许外资银行向中国客户提供人民币业务服务，给予外资行国民待遇。在华外资银行须注册为国内法人银行，才能申请全面经营人民币零售业务。

试验区将允许符合条件的外资金融机构设立外资银行，在政策突破上并不大，可能对外资银行设立条件或开展人民币零售业务有一定程度放宽。但更为关键的是，在试验区内外汇管制基本放开的背景下，区内银行不仅可以经营人民币业务，同时也可以直接开展外币有关业务，这将对中国银行国际化经营带来明显的促进作用。

试验区政策首次提出允许符合条件的民营资本可与外资金融机构成立中外合资银行。虽然2013年7月国务院发布的《国务院办公厅关于金融支持小微企业发展的实施意见》(即“金融十条”)明确提出“鼓励民间资本投资入股金融机构和参与金融机构重组改造”，但目前民营资本进入金融业还存在许多隐形障碍和门槛。而以中外合资、区内试验的形式扩大民间资本在银行业的准入，不失为一个有效路径。

试验区政策首次提出允许设立有限牌照银行。根据英国、中国香港规定，银行类机构根据风险不同实行三类牌照：全牌照银行(即吸储类机构)、有限牌照银行(即非吸储类机构)和自有资金放贷机构(如小额贷款公司等)。允许在试验区内设立有限牌照银行，一方面可以为探索推进我国银行业分类监管提供重要经验，另一方面也有助于吸引大量非吸储类外资金融机构落户试验区。

34. 如何理解上海自贸试验区将试点设立外资专业健康险机构?

随着国人富裕程度的提高和老龄化社会的加快到来，专业医疗保险的市场需求正在迅速上升。根据欧洲最大健康险公司DKV的统计数据预测，中国健康险保费每年以15%—20%的速度增长，预计到2015年将达到1 200亿元，远超过全球健康险6%的增长水平。众多外资保险机构都将目光瞄向中国医疗健康险这一巨大市场，瑞士再保险、美国 WellPoint 先后成立医疗第三方管理公司（TPA），慕尼黑再保险旗下 DKV 公司也参股了中国人保健康险。

在试验区内试点设立外资专业健康医疗保险机构，有助于更好地发挥外资保险机构的品牌、运作、产品设计等优势。同时，这一试点被限制在试验区内，也避免了对内资保险机构业务产生较大冲击。

35. 上海自贸试验区是否放宽对外商设立独资医疗机构的限制？能否在区内设立外商独资医疗机构？

中国对外商在华举办医疗机构的政策是逐步放开的。加入 WTO 后，中国政府承诺允许外国服务提供者和中方共同设立合资合作医疗机构。根据《中外合资、合作医疗机构管理暂行办法》规定，在试验区外设立医疗机构，中外双方以及申请设立的医疗机构需要满足一定的条件：申请设立中外合资、合作医疗机构的中外双方应是能够独立承担民事责任的法人。合资、合作的中外双方应当具有直接或间接从事医疗卫生投资与管理的经验。中外合资、合作医疗机构投资总额不得低于 2 000 万元人民币，中方所占的股权比例或权益不得低于 30%，合资、合作期限不超过 20 年。

上海自贸试验区放宽对外商设立医疗机构的限制，允许在区内设立外商独资医疗机构。外商独资医疗机构，指外国医疗机构为其实际控股人的医疗机构、公司、企业和其他经济组织（以下称外国投资者），经中国政府主管部门批准，在上海自贸试验区内以独资形式设置的营利性医疗机构。

申请设立外商独资医疗机构的外国投资者应当是能够独立承担民事责任的法人，具有直接从事医疗机构投资与管理 5 年以上的经验，并符合下列要求之一：

(1) 能够提供国际先进的医疗机构管理经验、管理模式和服务模式；

(2) 能够提供具有国际领先水平的医学技术和设备；

(3) 可以补充或改善所在地医疗服务能力、医疗质量、技术、资金和医疗设施方面的不足。

设立的外商独资医疗机构应当符合以下条件：

(1) 独立的法人；

(2) 最低投资总额2 000万元人民币；

(3) 经营期限20年。

设立外商独资医疗机构，应当按照“一口受理”工作机制，向自贸试验区工商部门提交申请材料。自贸试验区工商部门收到申请材料后向申请人出具相关收件凭证，并自出具受理凭证之日起40个工作日内，由市卫生计生部门、自贸试验区管委会、自贸试验区工商部门出具批准或者不批准的书面文件。予以批准的，自贸试验区工商部门统一向申请人送达《医疗机构设置批准书》、《外商投资企业批准证书》、《企业营业执照》等有关文书。

获准设立的外商独资医疗机构，应当按照《医疗机构管理条例》及其实施细则中关于医疗机构执业登记的程序和要求，向市卫生计生部门申请执业登记，领取《医疗机构执业许可证》。已设立的外商独资医疗机构，应当在规定的期限内，完成执业登记手续的办理；逾期未能完成的，经原审批机关核准后，撤销该项目。

36. 上海自贸试验区对融资租赁业务有哪些开放政策？

2010年2月，银监会对保税区开展单机单船融资租赁业务在政策上放开;同年6月,上海综合保税区获批开展单机单船融资租赁业务。试验区则进一步开放融资租赁业务。《总体方案》附件明确表示,试验区内单机单船租赁公司不再设最低注册资本限制。这将有助于推动更多单机单船项目公司成立,逐步改变中国飞机船舶租赁长期为更有资金实力的外资所垄断的现状,促进中国融资租赁业务的快速发展。

另外,试验区内将允许融资租赁公司兼营与主营业务有关的商业保理业务。试验区会配套有国际竞争力的外汇管理、税收、海关方面政策,加大对融资租赁业务的扶持力度。试验区进一步开放融资租赁业务,顺应融资租赁公司的客观需求,有助于融资租赁公司业务的多元化发展,助推金融中心、航运中心的建设。

37. 上海自贸试验区对船舶运输业务有哪些开放政策?上海自贸试验区允许外资设立独资国际船舶管理企业具有什么意义?

试验区放宽中外合资、中外合作国际船舶运输企业的外资股比限制,由国务院交通运输主管部门制定相关管理试行办法。外商在试验区外设立国际船舶运输企业在外资持股比例等方面受到一定的限制。根据《外商投资国际海运业管理规定》,设立中外合资、中外合作企业经营国际船舶运输企业,外商的出资比例不得超过49%;企业的董事长和总经理,由投资各方协商后由中方指定。

试验区允许中资公司拥有或控股拥有的非五星旗船,先行先试外贸进出口集装箱在国内沿海港口和上海港之间的沿海捎带业务。据初步统计,目前中国有过半的中资船舶注册在境外,挂巴拿马、中国香港、新加坡等境外方便旗开展国际运输。根据中国法律规定,方便旗船虽然为中资拥有或控股，但属于外国籍船舶，因而不能在中国境内开展沿海捎带业务。

试验区的新政策将有助于方便旗船在国内沿海港口和上海港之间沿海捎带业务的开展，促进境外中转的集装箱到上海中转，增加上海港水运中转流量，进一步提高上海港的国际地位。

国际船舶管理企业在航运业中属于较新的业态。按照《外商投资国际海运业管理规定》，我国允许外商以中外合资、中外合作形式经营国际船舶管理业务，尚不允许设立外商独资国际船舶管理企业。目前，中国香港、英国伦敦、冰岛等是世界公认的国际船舶管理业中心。

试验区允许外商独资设立国际船舶管理企业。这有助于推动中国船舶国际企业专业化、独立化、国际化发展，有助于上海吸引更多国际船舶管理企业落户、加快建设国际船舶管理业中心。

38. 上海自贸试验区扩大增值电信服务开放体现在哪些方面?

电信增值业务也称为增强型业务，是电信业务的一种，指利用公用电信网络的资源和其他通信设备提供附加的电信与信息服务业务。根据我国《电信管理条例》的定义，增值电信业务包括以下内容：电子邮件、语音信箱、在线信息库存储和检索、电子数据交换、在线数据处理与交易处理、增值传真、互联网接入服务、互联网信息服务、可视电话会议服务。

自贸试验区在以下领域推动增值电信业务进一步试点对外开放：

(1) 已经对 WTO 承诺开放，但外资股比不超过 50%的信息服务业务、存储转发类业务等两项业务外资股比可试点突破 50%。其中信息服务业务仅含应用商店。

(2) 新增试点开放四项业务：呼叫中心业务、国内多方通信服务业务、互联网接入服务业务(为上网用户提供互联网接入服务)、国内互联网虚拟专用网业务。其中，呼叫中心业务、国内多方通信服务业务、互联网接入服务业务(为上网用户提供互联网接入服务)外资股比可突破50%；国内互联网虚拟专用网业务外资股比不超过50%。

(3) 在线数据处理与交易处理业务(经营类电子商务)外资股比不超过55%。

(4) 申请经营上述电信业务的企业注册地和服务设施须设在试验区内。互联网接入服务业务(为上网用户提供互联网接入服务)的服务范围限定在试验区内，其他业务的服务范围可以面向全国。

目前，在试验区外仍然实行电信业务许可制度。经营电信业务，必须依照《电信管理条例》取得主管部门颁发的电信业务经营许可证。外商投资电信企业经营省、自治区、直辖市范围内增值电信业务的，由省、自治区、直辖市电信管理机构审核同意后报工业和信息化部审批。未取得电信业务经营许可证，任何组织或者个人不得从事电信业务经营活动。

外商在区外投资增值电信业务有严格的持股比例限制。根据《外商投资电信企业管理规定》的规定，经营增值电信业务的外商投资电信企业中的外方投资者的出资比例不得超过50%。

试验区内外商投资企业申请经营增值电信业务的，应符合下列条件：第一，经营者为在试验区依法设立的公司；第二，有与开展经营活动相适应的资金和专业人员；第三，有为用户提供长期服务的信誉或者能力；第四，注册资本最低限额为100万元人民币；第五，有必要的场地、设施、技术方案以及网络与信息安全保障制度和措施，其中服务设施须设在试验区内；第六，公司及其主要投资者和主要经营管理人员三年内无违反电信监督管理制度的违法记录；第七，国家规定的其他条件。

区内外商投资企业申请经营增值电信业务的，应向上海市通信管理局提交申请。上海市通信管理局应当自受理之日起60日内完成审查工作，作出批准或者不予批准的决定。予以批准的，颁发《中国(上海)自由贸易试验区外商投资经营增值电信业务试点批复》(有效期暂定为3年)。不予批准的，应当书面通知申请企业并说明理由。上海市通信管理局向申请企业颁发试点批复后，应当在10日内向工业和信息化部备案。

上海市通信管理局对试验区外商投资电信企业实行年检制度。外商投资电信企业应在报告年的次年第一季度向上海市通信管理局报送下列年检材料。上海市应对外商投资电信企业报送的材料进行全面审核，并对其经营主体、经营行为、电信资费、服务质量和用户个人信息保护、落实网络与信息安全管理要求、执行国家和电信管理机构有关规定的情况等进行检查。

39. 上海自贸试验区解除外资销售游戏、游艺设备禁令的具体措施有哪些？

试验区允许外资企业在试验区内从事游戏、游艺设备的生产和销售，通过文化主管部门内容审查的游戏、游艺设备可向国内市场销售。目前，国外游戏、游艺设备必须通过中国代理商才能顺利进入中国市场，这限制了境外游戏、游艺设备公司在华业务的拓展。

向中国国内市场销售的游戏游艺设备，应当具有合法知识产权，有利于传播科学、艺术、人文知识，有益于青少年健康成长。不得含有“违反宪法确定的基本原则、危害国家统一、主权或者领土完整的”等《娱乐场所管理条例》第十三条的禁止内容，不得含有押分、退币、退钢珠等赌博功能。

设备外观、游戏内容、游戏方法说明应当使用我国通用语言文字。

区内外资企业向国内市场销售游戏、游艺设备的，应向上海市文广影视局申请内容审查。申请内容审查时，应当提交预装游戏内容的游戏游艺设备和以下材料：

(1)《游戏游艺机市场准入机型机种内容审核申请表》和《游戏游艺机产品内容审核材料登记表》；

(2) 企业营业执照复印件；

(3) 与游戏游艺内容相关的知识产权证明材料，包括该游戏游艺产品的知识产权证明文件或者该游戏游艺产品的知识产权授权文件；

(4) 游戏游艺设备中内容全过程的视频文件或者游戏游艺软件的视频演示文件，视频文件或者视频演示文件是指游戏游艺设备最终上市版本中的所有游戏游艺内容，包括不会在正常游戏进行过程中出现的内容的视频文件；

(5) 能够反映产品整体外观并与实际销售产品一致的电子图片；

(6) 游戏游艺使用的音频文件、名称列表和歌词的电子文本，电子文本应当是游戏游艺设备中使用的全部背景音乐、歌曲的名称列表、音频文件和歌词的中外文对照文本；

(7) 游戏游艺内容中全部对白、旁白、描述性文字以及操作说明的中外文电子文本；

(8) 为游戏游艺设备提供游戏游艺内容的方案，其中，在网络上为游戏游艺设备提供游戏内容的，应当提交提供游戏内容的企业的《网络文化经营许可证》。

上海市文广影视局应当自受理申请之日起 20 个工作日内作出审批决定。符合规定条件的，出具《游戏游艺设备内容审核确认单》，并报文化部备案；不符合规定条件的，书面说明理由。外商投资企业取得《游戏游艺设备内容审核确认单》后,可以向国内市场销售其游戏游艺设备。游戏游艺设备的游戏游艺内容、机型、机种有升级、改版等实质性变更的,应当重新向市文广影视局申请内容审查。

外商投资企业在办理游戏游艺设备内销手续时,除按照正常管理规定办理海关手续外,还应当向海关部门一并提交上海市文广影视局出具的《游戏游艺设备内容审核确认单》。

40. 上海自贸试验区在哪些方面放开对外资经营演出经纪机构和娱乐场所的限制?

试验区取消区内外资演出经纪机构、演出场所经营单位的股比限制,允许设立外商独资演出经纪机构、演出场所经营单位,为上海市提供服务。

自贸试验区内取得工商部门核发的营业执照的外商投资企业,可向市文广影视局申请演出经纪机构《营业性演出许可证》和演出场所经营单位备案证明。外商投资企业在自贸试验区服务贸易区域内设立演出场所的,应当自取得营业执照之日起20个工作日内,向市文广影视局申请备案。

目前,试验区外对外国投资者投资经营演出经纪机构、演出场所经营单位在股权比例等方面有严格的限制。根据我国《营业性演出管理条例》的规定,外国投资者可以与中国投资者设立中外合资经营、中外合作经营的演出经纪机构、演出场所经营单位,但不得设立外资经营的演出经纪机构、演出场所经营单位。设立中外合资经营的演出经纪机构、演出场所经营单位,中国合营者的投资比例应当不低于51%;设立中外合作经营的演出经纪机构、演出场所经营单位,中国合作者应当拥有经营主导权。

区内依法成立的演出经纪机构或演出场所举办营业性演出活动的,按照下列规定提交申请：

（1）自贸试验区内依法设立的演出经纪机构在区内举办营业性演出的，应当向自贸试验区管委会提出申请。其中，对举办国内文艺表演团体与演员参加的营业性演出的，自贸试验区管委会应当自受理申请之日起3个工作日内作出决定。对举办涉外及涉港澳台营业性演出的，自贸试验区管委会应当自受理申请之日起20个工作日内作出决定。

（2）自贸试验区内依法设立的演出经纪机构在区外、上海市行政区域内举办涉外或涉港澳台营业性演出的，应当向市文广影视局提出申请，市文广影视局应当自受理申请之日起20个工作日内作出决定。举办国内文艺表演团体与演员参加的营业性演出的，应当向演出举办所在地的区（县）文化行政部门提出申请，区（县）文化行政部门应当自受理申请之日起3个工作日内作出决定。

（3）自贸试验区内依法设立的演出场所在本场所内举办营业性演出的，应当向自贸试验区管委会提出申请，自贸试验区管委会应当自受理申请之日起3个工作日内作出决定。

在娱乐场所方面，试验区允许设立外商独资的娱乐场所。但是外商独资的娱乐场所只能在试验区内提供服务。娱乐场所指的是国民经济行业分类中的歌舞厅娱乐活动（分类号8911）。在试验区内设立合资、合作、独资经营娱乐场所，应当向上海市文化主管部门提出申请。

外商投资企业在自贸试验区服务贸易区域内设立娱乐场所的，应当符合《娱乐场所管理条例》、《娱乐场所管理办法》（文化部令第55号）等法规、规章规定的设立条件。区内取得工商部门核发的营业执照的外商投资企业，可向自贸试验区管委会申请《娱乐经营许可证》。自贸试验区管委会自受理申请之日起20个工作日内作出决定。准予许可的，核发《娱乐经营许可证》；不予许可的，书面说明理由。

根据《外商投资产业指导目录(2011年修订)》,娱乐场所属于限制类,外商在试验区外投资娱乐场所(如卡拉OK厅),必须采取合资或合作模式。外商不得独资经营娱乐场所。

41. 上海自贸试验区在法律服务方面有何新探索?

1992年,司法部、国家工商行政管理总局联合发布了《关于外国律师事务所在中国境内设立办事处的暂行规定》,首次允许外国律师事务所在中国设立外国律师事务所的办事机构。外国律师事务所,是指在我国境外合法设立、由外国执业律师组成、从事中国法律事务以外的法律服务活动,并对外独立由其全部成员或部分成员承担民事责任的律师执业机构。

2001年,国务院颁布《外国律师事务所驻华代表机构管理条例》,明确外国律师事务所设立驻华代表机构的条件及其法律服务活动的范围等。2003年,中国履行入世承诺,取消了外国律师事务所设立办事处数量上的限制,取消了外国律师事务所设立办事处试点城市的限制,取消了一个外国律师事务所只能在中国设立一个办事处的限制,放宽了代表机构及其代表的业务活动范围,降低了其首席代表、代表的资历要求。

试验区外,外国律师事务所只能设立代表处,且不能提供有关中国法律方面的服务。但是,中国香港、澳门地区的律师事务所和律师进入内地法律服务市场的限制较少。根据中国内地和中国香港、澳门特别行政区分别签署的《关于建立更紧密经贸关系的安排》,允许内地律师事务所聘用香港法律执业者;允许在内地设立代表机构的香港律师事务所与内地律师事务所联营,允许香港永久性居民中的中国公民参加内地统一司法考试等。

试验区将探索密切中国境内律师事务所与境外律师事务所业务合作

的方式和机制。可能在相互聘请律师、跨国业务合作等方面有所突破。试验区鼓励境内律师事务所和境外律师事务所进一步密切合作关系，有利于提高我国律师事务所的管理水平、法律服务水平和高端人才培养能力，提高我国律师事务所的市场竞争力。

42. 会计师事务所在上海自贸试验区内设立分所应满足什么条件？如何办理手续？

合伙制或者完成特殊普通合伙转制满一年、内部整合到位且运行平稳的会计师事务所先行试点，在上海自贸试验区设立一家分所，允许其使用含“上海自贸试验区”字样的分所名称。在自贸试验区设立分所暂按跨省级行政区划设立分所审批办理。会计师事务所在自贸试验区设立分所，应当同时具备《会计师事务所审批和监督暂行办法》第二十三条、第二十四条规定的条件、《会计师事务所分所管理暂行办法》第三条规定的条件和《财政部证监会关于调整证券资格会计师事务所申请条件的通知》第三条规定的条件。

拟在上海自贸试验区设立分所的会计师事务所，应当向上海市财政局提出申请，并由其依法审批。原中外合作会计师事务所依据《注册会计师法》和《中外合作会计师事务所本土化转制方案》在本土化转制过渡期内(2017 年 12 月 31 日之前)申请设立自贸试验区分所的，应同时向财政部和上海市财政局提出申请，申请材料由上海市财政局审查后报财政部批准。拟设立分所的会计师事务所的首席合伙人应出具书面承诺，承诺对其自贸试验区分所在人事、财务、执业标准、质量控制、信息管理等方面实施“五统一”管理。该书面承诺应由首席合伙人签字确认，并由审批机关连同其他申请材料予以公示。

43. 上海自贸试验区允许设立外商投资资信调查公司有何意义?

试验区内允许设立外商投资资信调查公司。资信调查是以一定的调研技术(包括调查技术、财务技术等)和专业人员为基础,对企业的注册登记情况、股权结构、人力资源、经营业绩、管理水平、财务状况、行业声誉、以往信用情况或个人的资信情况、专项项目的真实性等进行调查、分析,并根据调查结果出具调查报告的一种信用服务。

1992年,中国第一家专业从事企业资信调查服务的公司——北京新华信商业风险管理有限责任公司成立,标志着中国资信调查行业开始起步发展。目前,一些外国征信公司如邓白氏公司、ABC公司、TCM公司,以及中国台湾地区的中华征信所等、中国香港地区的香港城市顾问有限公司等均已在中国内地设有分支机构,并提供企业资信调查服务。

这次允许在试验区设立外商投资资信调查公司,将加快境外资信调查公司进入中国市场,并实现法人化运作,为中国各类企业特别是试验区内企业带来先进的信用评估技术,减少企业经营中的各种信用风险。

44. 上海自贸试验区是否降低区内合资旅行社经营出境游业务的门槛?

试验区允许区内注册的符合条件的中外合资旅行社经营出境旅游业务,取消了中外合资旅行社经营许可满两年才可经营出境游的限制。

目前，中外合资旅行社在区外经营出境旅游业务面临一些限制。2010年8月公布的《中外合资经营旅行社试点经营出境旅游业务监管暂行办法》，规定只有获得经营许可满两年的中外合资旅行社可以申请试点经营出境旅游业务；而且，国家严格控制试点经营出境旅游业务的中外合资经营旅行社的数量。2010年9月，国务院旅游行政主管部门开始受理中外合资旅行社经营中国公民出境旅游业务试点申请。截至目前，申请试点获得批准的中外合资旅行社只有3家，即中旅途易旅游有限公司、国旅运通旅行社有限公司、交通公社新纪元国际旅行社有限公司。这3家旅行社都集中在北京。自2011年5月以来，主管部门并未再扩大这一试点范围。

这次试验区降低中外合资旅行社经营出境游的门槛，有助于促进中外合资旅行社开展和扩大出境游业务，进一步提高中国公民出境游的服务质量，也将对境内旅行社形成竞争压力。

45. 上海自贸试验区扩大人才中介服务开放体现在哪些方面？

试验区进一步扩大人才中介服务开放，提升中外合资人才中介机构的外方控股比例，外方合资者（非中国港澳地区）可以实现不超过70%的控股；允许中国香港、澳门的服务提供者设立独资人才中介机构；大幅下调最低注册资本金要求；外资人才中介机构最低注册资本金低至12.5万美元。

目前，中国对区外中外合资人才中介服务机构在持股比例、注册资本等方面的限制更加严格。人才中介服务机构是指为用人单位和人才提供中介服务及其他相关服务的专营或兼营的组织。2005年修订的《中外合资人才中介机构管理暂行规定》规定，注册资本金不少于30万美元，其中外方合资者的出资比例不得低于25%，中方合资者的出资比例不得低于

51%;外方出资者应当是从事3年以上人才中介服务的外国公司、企业和其他经济组织;中国香港和澳门服务提供者在内地设立合资人才中介机构的,最低注册资本金为12.5万美元,但是拥有的股权比例不超过70%。

这次,试验区开放人才中介服务,有利于进一步了解学习境外人才中介服务的运作方式和先进的技术手段,提升我国人才中介机构的竞争力,提高我国人才中介的服务水平,以适应将来完全开放的竞争环境。

46. 上海自贸试验区允许设立股份制外资投资性公司有什么意义?

外资投资性公司是指外国投资者在中国以独资或与中国投资者合资的形式设立的从事直接投资的公司。根据我国《关于外商投资举办投资性公司的规定》,外资投资性公司的公司形式必须为有限责任公司。

试验区允许设立股份制外资投资性公司。这意味着试验区内的股份制外资投资性公司可以面向社会募集资金,增强外资投资性公司的资本实力和投资经营能力,并且在运作上也将更为规范。

47. 上海自贸试验区降低工程设计、建筑的外资准入门槛体现在哪些方面?

试验区内的外资工程设计企业,取消首次申请资质时对投资者工程设计业绩的要求,降低外资工程设计企业进入的门槛。但是,这些外资工程设计企业只能为上海市提供服务。

根据入世承诺，我国允许外商独资工程设计企业进入中国市场，但是仍然存在一定的门槛。目前，区外外资工程设计企业在首次申请资质时，境外投资方需要满足规定的设计业绩要求。根据《外商投资建设工程设计企业管理规定实施细则》的规定，外商投资建设工程设计企业，首次申请工程设计资质时，其境外投资方应提供两项及以上在中国境外完成的工程设计业绩，其中至少一项工程设计业绩是在其所在国或地区完成的。

试验区进一步降低外资工程设计企业进入市场的门槛限制，有助于外资工程设计企业更便捷地在中国工程设计市场开展业务。

试验区内的外商独资建筑企业承揽上海市的中外联合建设项目时，不受建设项目的中外方投资比例限制。这将使得试验区内的外商独资建筑企业可以承接更多的中外联合建设项目。

目前，区外对于外资建筑企业的工程承包范围有明确的限定。根据《外商投资建筑业企业管理规定》，外资建筑业企业只能在其资质范围内承包四类工程：第一，全部由外国投资、外国赠款、外国投资及赠款建设的工程。第二，由国际金融机构资助并通过根据贷款条款进行的国际招标授予的建设项目。第三，外资等于或者超过50%的中外联合建设项目；外资少于50%，但因技术困难而不能由中国建筑企业独立实施，经省、自治区、直辖市人民政府建设行政主管部门批准的中外联合建设项目。第四，由中国投资，但因技术困难而不能由中国建筑企业独立实施的建设项目，经省、自治区、直辖市人民政府建设行政主管部门批准，可以由中外建筑企业联合承揽。

试验区放宽外商独资建筑企业承揽中外联合建设项目时的中外方投资比例限制，使得外商独资建筑企业可以承接更多的中外联合建设项目，为外商独资建筑企业提供更大的发展空间，改变其在中国建筑市场份额过小的局面，从而促进中国建筑市场的良性竞争和规范发展。

48. 上海自贸试验区如何降低外商投资广告企业准入门槛?

试验区对外商投资广告企业试行准入前国民待遇，放开对外商投资广告企业的准入限制。具体包括：取消对投资方主体资格、广告经营业绩的条件限制；取消投资方成立和运营的年限要求；试验区内外商投资广告企业申请设立分支机构的，取消企业注册资本全部缴清、广告营业额不低于2 000万元人民币的条件限制。

试验区内外商投资广告企业的项目审批和设立分支机构的审批改为备案制。试验区内外商投资广告企业设立后需要更换合营方或转让股权、变更广告经营范围和变更注册资本的，无须另行报批，改为备案制，可直接办理企业变更登记。试验区内外商投资广告企业在试验区外设立分支机构的，在取得分支机构营业执照后7个工作日内，向自贸试验区分局提交备案材料。

目前，外商在区外可以投资设立中外合资经营企业、中外合作经营企业以及外资广告企业，但受到投资主体等方面的限制，在办理企业设立等手续过程中，需要报相关政府主管部门审批。

根据《外商投资广告企业管理规定》，设立中外合资经营广告企业、中外合作经营广告企业的投资方需要满足以下条件：合营各方应是经营广告业务的企业；合营各方须成立并运营二年以上；有广告经营业绩。设立外资广告企业的投资方需要满足以下条件：投资方应是以经营广告业务为主的企业；投资方应成立并运营三年以上。申请设立分支机构的外商投资广告企业，需要满足以下条件：注册资本全部缴清；年广告营业额不低于2 000万元人民币。

外商投资广告项目须经国家工商行政管理总局或其授权的省级工商

行政管理局审定。外商投资广告企业的合同和章程，由省级商务主管部门审查批准。企业的具体经营范围，需要报国家工商行政管理总局或其授权的省级工商行政管理局依法核定。外商投资广告企业申请设立分支机构，需要报省级商务主管部门批准。

外商投资广告企业设立后，如出现下列变更之一的，应重新向政府主管部门报批，并办理企业变更登记：更换合营方或转让股权；变更广告经营范围；变更注册资本。

试验区进一步降低外商投资广告企业的准入门槛，有助于吸引境外更高层次的广告企业进入我国市场，促进我国广告业的发展，提高竞争力，也是转变政府管理模式的一次有益尝试。

49. 上海自贸试验区在教育培训、职业技能培训方面如何进一步开放？

试验区允许举办中外合作经营性教育培训机构；允许举办中外合作经营性职业技能培训机构。在试验区内设立中外合资的教育培训机构不再有前置审批的环节。

中外合作培训机构不得实施学历教育和学前教育，不得从事宗教、军事、警察、政治和党校等特殊领域的培训项目。

合作培训机构的中外合作方应当具有从事教育培训投资与管理的经验，并符合下列条件之一：

(1) 能够提供国际先进的教育培训管理经验、管理模式和服务模式；

(2) 能够提供具有国际领先水平的培训课程、师资和教学设施、设备。

设立合作培训机构，除应当符合《中华人民共和国中外合作经营企业法》、《中华人民共和国公司法》等相关规定外，还应当符合以下要求：

(1) 有熟悉教学业务和办学管理的公司法定代表人，公司法定代表人应当是公司的专职负责人，依照公司章程规定，负责合作培训机构的培训经营活动，并依法登记；

(2) 有与培训类别、层次与规模相适应的专兼职教师和管理人员；

(3) 有相应的办学资金和保证日常教学正常开展的经费来源，办学资金不少于100万元人民币；

(4) 有与培训项目相适应的公司住所(即教学场所，下同)和教学设备；

(5) 有办学和教学的管理制度。

我国允许外商在区外投资设立教育培训、职业技能培训。根据《外商投资产业指导目录(2011年修订)》，鼓励外商投资高等教育机构(仅限于合资、合作)、职业技能培训；限制投资普通高中教育机构(仅限于合资、合作)；禁止投资义务教育机构，军事、警察、政治和党校等特殊领域教育机构。

但是，我国对外商投资设立教育培训、职业技能培训设立了严格的条件和审批程序。根据我国《中外办学条例》和《中外办学条例实施办法》的规定，中外方投资者均应当具有相应的办学资格和较高的办学质量；申请设立实施本科以上高等学历教育的，应当由教育部审批；申请设立实施高等专科教育和非学历高等教育的，应由拟设立机构所在地的省、自治区、直辖市人民政府审批等。

试验区允许举办中外合作经营性教育培训机构和中外合作经营性职业技能培训机构，有利于鼓励境外优质教育培训品牌进入中国市场，加快引进境外先进的教育培训系统、课程和方法，加快我国教育培训业的国际化发展。

50. 上海自贸试验区在医疗服务方面有哪些开放措施?

试验区允许设立外商独资医疗机构，包括综合医院、专科医院和门诊部(所)。负面清单明确规定，外资医疗机构投资总额不得低于 2 000 万元人民币，不允许设立分支机构，经营期限不超过 20 年。

申请设置外商独资医疗机构的外国投资者应当是能够独立承担民事责任的法人，具有直接从事医疗机构投资与管理 5 年以上的经验，并符合下列要求之一：

(1) 能够提供国际先进的医疗机构管理经验、管理模式和服务模式；

(2) 能够提供具有国际领先水平的医学技术和设备；

(3) 可以补充或改善所在地在医疗服务能力、医疗质量、技术、资金和医疗设施方面的不足。

设立的外商独资医疗机构应当符合以下条件：

(1) 独立的法人；

(2) 最低投资总额 2 000 万元人民币；

(3) 经营期限 20 年。

设立外商独资医疗机构，按照“一口受理”工作机制，向自贸试验区工商部门申请材料。申请材料齐全的，自贸试验区工商部门向申请人出具相关收件凭证。市卫生计生部门、自贸试验区管委会、自贸试验区工商部门自出具受理凭证之日起 40 个工作日内，出具批准或者不批准的书面文件。予以批准的，自贸试验区工商部门统一向申请人送达《医疗机构设置批准书》、《外商投资企业批准证书》、《企业营业执照》等有关文书。

获准设立的外商独资医疗机构，应按照《医疗机构管理条例》及其实施细则中关于医疗机构执业登记的程序和要求，向市卫生计生部门申请执业登记,领取《医疗机构执业许可证》。

2000年发布的《中外合资、合作医疗机构管理暂行办法》规定,中外合资、合作医疗机构投资总额不得低于2 000万元人民币,中方所占的股权比例或权益不得低于30%,外资获得了可以控股的地位。2007年,《〈中外合资、合作医疗机构管理暂行办法〉的补充规定》明确,香港、澳门地区服务提供者在内地设立的合资、合作医疗机构,其投资总额不得低于1 000万元人民币。

2010年12月公布的《关于进一步鼓励和引导社会资本举办医疗机构的意见》,将境外资本举办医疗机构调整为允许类外商投资项目。允许境外医疗机构、企业和其他经济组织在我国境内与我国的医疗机构、企业和其他经济组织以合资或合作形式设立医疗机构,逐步取消对境外资本的股权比例限制。对具备条件的境外资本在我国境内设立独资医疗机构进行试点,逐步放开。

《外商投资产业指导目录(2011年修订)》将"医疗机构"从"限制类"中删除,成为"允许类"。但至今尚未出台批准外商独资医疗机构的管理细则,目前仅允许港澳台地区等资本在部分地区试点外资独资医疗机构。

试验区允许设立外商独资医疗机构,意味着我国进一步对外开放医疗服务领域。这将吸引国际高端医疗品牌进入中国,从而打破目前我国医疗服务领域的垄断局面,提高市场竞争程度。

51. 上海自贸试验区探索完善国家安全审查制度具有什么意义?

试验区进一步探索完善国家安全审查制度。试验区建立安全审查相关工作机制,投资项目或者企业属于安全审查范围的,由试验区管委会提请开展安全审查。

目前，试验区外的国家安全审查主要针对外国投资者并购境内企业过程中所涉及的国家安全问题。2011 年，国务院公布的《国务院办公厅关于建立外国投资者并购境内企业安全审查制度的通知》（以下简称《通知》）明确规定了并购安全审查的内容和范围等。《通知》标志着中国国家安全审查制度雏形的建立，但是，国家安全的审查程序、审查标准等仍不明确。

上海自贸试验区探索国家安全审查，将在审查程序、审查标准、平衡扩大开放和国家安全等方面积累实践经验。其意义不仅在于国家安全审查制度本身，而是探索中国深化改革发展的新路径。在试验区内试点开展涉及外资的国家安全审查，构建安全高效的开放型经济体系，在总结试点经验的基础上，逐步形成与国际接轨的外商投资管理制度。

美国的外资并购安全审查制度被国际上广泛借鉴。美国实施外资并购安全审查制度由来已久。美国负责国家安全审查的机构是外国投资委员会（Committee on Foreign Investment in the United State, CFIUS）。CFIUS 成立于 1975 年，是隶属于财政部、但跨部门运作的政府机构，主要负责评估和监控外国投资对美国国家安全的影响。

1988 年，为了应对外国企业主要是日本企业的大范围收购，美国国会通过了修正《1950 年国防产品法》第 721 条的《埃克森—佛罗里奥修正案》，成为美国规制外资并购、保护国家安全的基本法。该法的核心内容是确保美国的国防安全，而未考虑经济安全。

1992 年，美国国会通过了《伯德修修正案》，增加了对以下内容的审查：如果收购方是外国政府控制或者代表外国政府与收购可能导致在美国从事州际贸易的人受到控制，并可能影响美国的国家安全。这次修正给像中国这样由国家控制、控股或者参股的企业并购美国企业设置了障碍。

"9·11"事件后,美国对国家安全的敏感度提升,对国家安全的认定有扩大化趋势。美国要求对收购国有公司的大多数交易进行更为严格的安全审查,并延长了审查时间。

2007年7月,美国布什总统签署了《2007年外国投资和国家安全法》,对外资并购涉及的国家安全问题给予全新的诠释。除了传统的"国防安全"外,还包括所有"如果遭到破坏或被外国人控制会对美国国家安全造成威胁的系统和资产",如银行、供水、关键技术、基础设施等。此后,又公布了《关于外国法人、收购和接管条例的建议稿》,以平衡及正确处理吸引外资和国家安全的关系。

52. 什么是负面清单?

负面清单实际上指的是一种对外资许诺开放的反向方式。举例来说,对于负面清单中列明的限制和禁止外资投资的行业和业务,是不给予外资以准入前国民待遇的;对于未列入负面清单的行业和业务,则内外资一视同仁,即便同样都要经过特殊审批程序(如医疗、金融等特许经营行业)。

这与WTO的《服务贸易总协定》(GATS)的"正面清单"是相对应的概念,GATS仅要求成员方列明承诺对外开放的部门,而未列出的则被认为是不做开放承诺的,也即不给予外资以国民待遇。美国与加拿大对外签订的双边投资协定、日本缔结的双边投资协定和自由贸易区协定、北美自由贸易区协定、TPP等都包含了负面清单要求。

负面清单管理的特点是:

(1) 取消所有一般性的外资审批流程。

(2) 在准入环节,除负面清单禁止或限制的领域,其他领域一律与国民同等待遇。

(3) 如若严格遵守负面清单,不存在投资项目被否定而造成的前期投入损失风险。

(4) 登记备案不做实质性审查,不存在标准模糊的问题。

(5) 减少多头管理。正面清单管理往往存在专门的外资审批机构,还可能需要区分地方和中央多层次权限,它的审查结论与行业特许经营管理可能存在冲突和重叠。负面清单管理基本上不存在这些问题。

(6) 除了保留国家安全审查以外,仍然保留特许经营行业的事前审批权,但须与国内投资者同等对待。

(7) 配套以更严厉的市场执法监督权,以弥补因取消或减少事前监管可能造成的滥用问题。

53. 上海自贸试验区的负面清单是如何制定的?

试验区的负面清单(2013)按照《国民经济行业分类及代码》(2011 年)分类编制,包括 18 个行业门类、89 个大类、190 条管理措施。“公共管理、社会保障和社会组织”、“国际组织”2 个行业门类不适用负面清单。试验区负面清单不是固定的,将根据外商投资法律法规和自贸试验区发展的需要适时进行调整。

目前,上海自贸试验区负面清单(2014 版)正在制订与征求意见中。据官方发布信息,该负面清单将会大幅缩减,即进一步减少对外资的准入限制措施。

54. 上海自贸试验区如何实施负面清单管理模式？与区外的正面清单管理有何不同？

<table>
<tr><td>流程</td><td>正面清单管理</td><td colspan="3">负面清单管理</td></tr>
<tr><td rowspan="5">准入前</td><td>程序要求</td><td colspan="3">程序要求</td></tr>
<tr><td>(1) 须报行业主管部门批准</td><td>属于特许经营行业</td><td colspan="2">不属于特许经营行业</td></tr>
<tr><td>(2) 须报工商登记部门预核名称</td><td>(1) 须报相应行业主管部门批准</td><td colspan="2">(1) 须获得环保、消防、土地等方面审查文件</td></tr>
<tr><td>(3) 须报环保、消防、土地等方面主管部门</td><td>(2) 须获得环保、消防、土地等方面审查文件</td><td colspan="2">(2) 合作方为国有企业的须报国有资产管理部门</td></tr>
<tr><td>(4) 合作方为国有企业的须报国有资产管理部门</td><td>(3) 合作方为国有企业的须报国有资产管理部门</td><td colspan="2"></td></tr>
<tr><td rowspan="2">准入</td><td rowspan="2">一律按审批权限报省市或中央外经部门批准，可能须层层上报</td><td>不属于负面清单范围</td><td>属于负面清单范围</td><td>涉及国家安全或公共卫生健康道德等</td></tr>
<tr><td>登记备案机关登记备案</td><td>一律依法报相应审批权限的外经部门审批</td><td>报国家安全机关审批</td></tr>
<tr><td rowspan="3">准入后</td><td>工商、税务、统计、财政管理登记和用地手续、外汇开户、海关手续、劳动许可等</td><td colspan="3">用地手续、税务登记、外汇开户、海关手续和劳务许可等，不涉及实质审查，可采用一站式服务</td></tr>
<tr><td>适用外商投资企业法</td><td colspan="3">取消三大外资法，适用公司法、证券交易法等</td></tr>
<tr><td></td><td colspan="3">反造假法令执法，对违反负面清单限制的外资处以民事或刑事责任</td></tr>
</table>

55. 上海自贸试验区如何实施外商投资项目备案制？

外商投资项目备案制是指对于一般的外商投资项目，向主管部门备案后，就可依法办理工商、海关、税务等相关手续，而无须事先报政府主管部门核准的外资管理制度。

上海试验区对负面清单之外的外商投资项目，按照内外资一致的原则，实施备案制。备案管理范围具体包括：负面清单之外的中外合资、中外合作、外商独资、外商投资合伙、外国投资者并购境内企业、外商投资企业增资等各类外商投资项目。但是，国务院规定对国内投资项目保留核准的除外。

上海试验区管理委员会是外商投资项目的备案机构。备案机构自收到申请材料之日起 10 个工作日内，出具备案意见。如果申请人同步申报项目备案和企业设立或变更，按照自贸试验区“一表申报、一口受理”机制办理。备案机构加强对自贸试验区外商投资备案项目“事中事后”监管，可通过自贸试验区监管信息共享机制和平台、企业年报制度等，对项目实施情况进行核查。

目前，对区外外商投资企业项目仍然实施核准制。外商投资项目核准制是指政府主管部门事先对外商投资项目根据规定的核准条件进行核准的一种外资管理制度。未经核准的外商投资项目，相关部门不得为其办理工商、海关、税务、外汇管理等手续。

根据《外商投资项目核准暂行管理办法》的规定，不同投资规模的外商投资项目，由不同级别的部门核准：总投资（包括增资额）1 亿美元及以上的鼓励类、允许类项目和总投资 5 000 万美元及以上的限制类项目，由国家发展改革委核准项目申请报告。其中总投资 5 亿美元及以上的鼓励类、允许类项目和总投资1亿美元及以上的限制类项目由国家发展改革委对项目申请报告审核后报国务院核准。总投资1亿美元以下的鼓励类、允许类项目和总投资5 000万美元以下的限制类项目由地方发展改革部门核准,其中限制类项目由省级发展改革部门核准,此类项目的核准权不得下放。

根据《国家发改委关于做好外商投资项目下放核准权限工作的通知》(发改委[2010]94号),原由发改委核准的总投资(包括增资)3亿美元以下的鼓励类、允许类项目,除《政府核准的投资项目目录》规定需由国务院有关部门核准外,由省级发改委核准。

56. 上海自贸试验区如何实施境外投资备案制?

试验区内企业是指注册地在上海试验区内的企业。境外投资是指企业通过新设、并购等方式,在境外设立非金融企业或取得既有非金融企业的所有权、控制权、经营管理权等权益的行为。

试验区对区内企业境外投资实行以备案制为主的管理方式,对境外投资一般项目实行备案制。区内企业以下情况的境外投资,按照《境外投资管理办法》执行:涉及与我国未建交国家(地区)的境外投资、特定国家(地区)的境外投资、涉及多国(地区)利益的境外投资、设立境外特殊目的公司、能源矿产类境外投资、需在国内招商的境外投资等。

试验区管委会是区内企业境外投资的备案机构。管委会在企业交齐规定的材料,并确认材料符合规定形式后5个工作日内,完成备案并制发《企业境外投资证书》(以下简称《证书》)。企业境外投资备案后,持《证书》办理外汇、海关、外事等相关手续,并可按照规定,申请国家有关政策支持。

目前,对试验区外企业的境外投资实行核准制。不同类型的境外投资由不同级别商务部门的进行核准。根据《境外投资管理办法》的规定，国家商务部负责核准的境外投资包括：在与我国未建交国家的境外投资；特定国家或地区的境外投资（具体名单由商务部会同外交部等有关部门确定）；中方投资额 1 亿美元及以上的境外投资；涉及多国（地区）利益的境外投资；设立境外特殊目的公司。省级商务主管部门负责核准的境外投资包括：中方投资额 1 000 万美元及以上、1 亿美元以下的境外投资；能源、矿产类境外投资；需在国内招商的境外投资。这些情况之外的境外投资，投资主体是中央企业总部的，报商务部核准。投资主体是地方企业的，报省级商务主管部门核准。

商务部建立“境外投资管理系统”。对予以核准的企业，颁发《证书》。《证书》由商务部统一印制，实行统一编码管理。

试验区对区内企业境外投资实行以备案制为主的管理方式，放宽企业“走出去”的条件，将降低中国企业对外直接投资的不确定性及成本，提高中国企业外直接投资的竞争优势；可以避免企业以资本外逃等规避审批、核准的形式进行对外直接投资，有利于国家掌握真实的对外直接投资并实施有效管理。

57. 上海自贸试验区如何管理备案的境外投资？

试验区管委会是区内企业境外投资的管理机构，对境外投资主体实行诚信管理。企业应保证全部申报事项和报送材料的真实性，并按照国家法律法规规定，开展境外投资。

试验区管委会对备案的境外投资实施“事中事后”监管，督促企业办理再投资备案，向驻外使（领）馆报到登记，接受驻外使（领）馆的指导，按时报送统计和年检资料,履行企业社会责任,落实各项人员和财产安全防范措施,建立突发事件预警机制和应急预案,及时处置境外突发事件等。

企业提供虚假申请材料,不如实填报境外投资备案申请表,或以其他不正当手段获得境外投资备案的,备案机构应撤销其《企业境外投资证书》,并将该信息记入企业诚信档案,该企业三年内不得享受国家有关政策支持。

58. 上海自贸试验区如何试行注册资本认缴登记制?

试验区试行注册资本认缴登记制。除法律、行政法规对公司注册资本实缴另有规定的银行、证券公司、期货公司、基金管理公司、保险公司、直销企业、对外劳务合作企业,以及募集设立的股份有限公司等外,试验区内其他公司实行注册资本认缴登记制。

工商部门登记公司全体股东、发起人认缴的注册资本或认购的股本总额即公司注册资本,不登记公司实收资本。公司股东发起人应当对其认缴出资额、出资方式、出资期限等自主约定,并记载于公司章程。有限责任公司的股东以其认缴的出资额为限对公司承担责任;股份有限公司的股东以其认购的股份为限对公司承担责任。

试验区放宽注册资本登记条件,取消有限责任公司最低注册资本3万元人民币、1人有限责任公司最低注册资本10万元人民币、股份有限公司最低注册资本500万元人民币的规定,取消公司设立时全体股东(发起人)的首次出资额及比例的规定;取消公司全体股东(发起人)的货币出资金额占注册资本比例的规定;取消公司股东(发起人)缴足出资期限的规定。但是,法律、行政法规、国务院决定对特定行业注册资本最低限额另有规定的除外。

公司应当将股东认缴出资额或者发起人认购股份、出资方式、出资期限、缴纳情况通过市场主体信用信息公示系统向社会公示。公司股东(发起人)对缴纳出资情况的真实性、合法性负责。

试验区试行注册资本认缴登记制,降低投资者的准入门槛,有效解决投资者创业初期的融资困境,鼓励创业,有助于进一步激发市场活力,体现了工商登记改革“降低准入标准、加强监管”的理念。

59. 上海自贸试验区如何试行年度报告公示制?

试验区内试行企业年度报告公示制度。企业按年度在规定的期限内,通过市场主体信用信息公示系统向工商部门报送年度报告,并向社会公示,任何单位和个人均可查询。企业应当在每年3月1日至6月30日,通过市场主体信用信息公示系统向登记机关报送年度报告,并向社会公示。当年设立登记的企业,自下一年起报送年度报告。企业对年度报告的真实性、合法性负责。

试验区登记机关对企业年度报告进行抽查,在检查中发现或者事后接举报查实企业有违法行为、申报不实隐瞒真实情况或者虚假承诺的,责令限期改正,并将企业纳入不良信用体系;对有违反企业登记管理规定行为的,除责令改正外还可以依照有关企业登记管理规定予以处罚,并将企业法定代表人、负责人等信息通报相关部门。

企业按以下规定提交年度报告信息:

(1) 企业法人的年度报告信息包括登记备案事项、注册资本缴付情况、资产状况、营运状况、企业从业人数及联系方式等;

(2) 非法人企业的年度报告信息包括登记备案事项、资产状况、营运状况、企业从业人数及联系方式等；

(3) 企业分支机构的年度报告信息包括登记备案事项、营运状况、联系方式等；

(4) 上述企业中，从事网络经营的企业还须申报网站或者网店名称、网址等信息。

下列企业还须提交会计师事务所出具的年度审计报告：

(1) 上市公司；

(2) 国有独资公司和国有控股公司；

(3) 认缴注册资本在2 000万元人民币以上的公司；

(4) 全年销售(营业)收入在2 000万元人民币以上(含2 000万元人民币)的公司；

(5) 从事金融、证券、期货、保险、投资、担保、验资、评估、小额贷款、房地产开发、房地产经纪、留学中介、教育培训(咨询)、出入境中介、外派劳务中介、企业登记代理、废旧物资收购、民用爆炸物品、烟花爆竹、建筑施工等经营活动的公司制企业。

目前，试验区外仍然实行企业年度报告检验制度。企业年度检验(简称年检)，是企业登记机关依法按年度根据企业提交的年检材料，对与企业登记事项有关的情况进行定期检查的监督管理制度。

领取营业执照的有限责任公司、股份有限公司、非公司企业法人、合伙企业、个人独资企业及其分支机构、来华从事经营活动的外国(地区)企业，以及其他经营单位都需要进行年检。当年设立登记的企业，自下一年起参加年检。每年3月1日至6月30日，企业应当向企业登记机关提交年检材料。企业应当对其提交的年检材料的真实性负责。

试验区内试行企业年度报告公示制度，探索与国际投资和贸易规则相适应的市场主体监管方式创新，有助于促进市场主体监管方式转变，推动社会诚信体系建设，优化试验区营商环境。

60. 上海自贸试验区如何试行“先照后证”登记制？

试验区如何试行“先照后证”登记制，区内企业向工商部门申请营业执照后即可从事一般生产经营活动。但是，法律、行政法规、国务院决定规定的企业登记前置许可事项除外。如果企业需要从事许可经营项目的，而且经营项目属于企业登记前置许可事项的，在取得许可证或者批准文件后向工商部门申领营业执照；其他经营项目，则需在领取营业执照后向主管部门申请办理相关许可证或者批准文件，然后才能开展该项目经营活动。

目前，区外企业注册登记仍然实行“先证后照”，设立企业需要先到主要部门取得行政许可证，才能到工商部门申办营业执照。在等待许可过程中，因不具有企业法人资格，创业者往往难以开展招工、洽谈、签约、贷款等企业前期筹备工作。

“先照后证”登记制的试行将帮助企业先获得主体资格，再凭营业执照申请营业资格。这一措施有利于破解“审批难”的困局，减少资质资格许可，降低市场主体准入门槛，推动各项行政审批、许可制度改革。

61. 上海自贸试验区如何试行新的营业执照样式？

试验区试行新的营业执照样式。为了对接试验区各项试点措施，凸显试验区先试先行效应，试验区将简化营业执照样式，以区别区内企业和区外企业。具体包含两方面内容：一是简化执照样式，借鉴国际通行的证照样式,在执照记载事项、颜色、字体等方面与区外企业相区分。二是统一执照样式,将除《农民专业合作社法人营业执照》、《个体工商户营业执照》以外的营业执照统一成一种样式,即《企业营业执照》。

试验区营业执照适用于在试验区登记的公司及其分支机构、非公司企业法人及其分支机构、个人独资企业及其分支机构、合伙企业及其分支机构、中外合作非法人企业、外国(地区)企业在中国境内从事生产经营活动。记载事项及其内容根据企业不同类型由系统自动打印生成。公司实行认缴登记制的,注册资本栏目中加注"(认缴,股东以其认缴的出资额或认购的股份为限对公司承担责任)"字样;公司实行实缴登记制的,注册资本栏目中加注"(实缴)"字样。公司营业执照上不再记载实收资本。其他各企业类型营业执照记载事项不变。

62. 上海自贸试验区如何完善信用约束机制?

试验区在工商部门现有的经济户籍库的基础上,率先在试验区建立市场主体信用信息公示系统。通过这个系统,工商部门公示市场主体登记、备案、监管信息;企业按照规定公示年度报告、获得资质资格的许可信息。工商部门以抽查方式对年度报告内容进行监管,提高年度报告信息的真实性和准确性。

登记机关建立经营异常名录制度,将未按规定期限公示年度报告或者通过登记的住所(经营场所)无法取得联系等的企业载入经营异常名录,并通过市场主体信用信息公示系统向社会公示。企业自被载入经营异常名录之日起三年内履行年度报告公示义务的,可以申请恢复正常记载状态;连续三年未履行年度报告公示义务的,工商行政管理机关将其永久载入经营异常名录，不得恢复正常记载状态，列入严重违法违规企业名单（即“黑名单”），并在企业信用信息公示系统向社会公示。

对被永久载入经营异常名录的企业负有个人责任的法定代表人（负责人），自企业被永久载入经营异常名录之日起三年内，不得担任其他企业的法定代表人（负责人）。该企业法定代表人（负责人）证明其不负有个人责任的除外。

企业被载入经营异常名录以及对此负有个人责任的法定代表人（负责人）的信息，纳入企业信用监管体系。工商部门采取有针对性的信用监管措施，形成“一处违法、处处受限”的局面，加大企业失信成本，促进企业守法经营，推动社会信用体系建设。

试验区强化信用信息公示，建立信用体系，不仅可以为政府监管部门提供依据，加强对不良企业的监管；同时，有利于在政府监管和法律约束之外，可以约束不良企业，鼓励优秀企业，让市场在信息体系中投票，形成良性的市场循环。

贸易转型

63. 上海自贸试验区内贸易方式转变的方向是什么？

根据《总体方案》，将在上海自贸区实施“一线逐步彻底放开、二线安全高效管住、区内货物自由流动”的创新监管服务模式，通过简化监管手续，实现“境内关外”的上海自贸区建设，将有利于提高贸易便利化水平、增强外贸企业竞争能力。

在过去的30年间，中国对外贸易规模已攀升为世界第二，但是在规模不断上升的过程中却存在着很多问题，如产品单位增加值偏低、产品出口利税率较低、产品出口环境污染严重等。我国外贸发展不平衡、不协调、不可持续问题日渐凸显，迫切需要转变外贸发展方式。

根据《总体方案》，上海自贸区贸易转型的方向是积极培育贸易新型业态和功能，形成以技术、品牌、质量、服务为核心的外贸竞争新优势。党的十八大提出，要加快转变对外经济发展方式，推动开放朝着优化结构、拓展深度、提高效益方向转变；强化贸易政策和产业政策协调，形成以技术、品牌、质量、服务为核心的出口竞争新优势。

加快转变外贸发展方式，是适应全球需求格局调整的客观要求，也是提高我国外贸可持续发展能力和国际竞争力的必然选择。建立在动态、持续基础上的产业转型和升级是许多国家贸易结构转型成功的重要经验。随着中国劳动力比较优势不断被削弱，产业转移、转型升级是重塑中国外贸竞争力的必然之路。

上海自贸试验区内贸易方式转变的意义在于提升我国在全球贸易价值链中的地位。目前中国处在全球价值链的中低端，承担的市场风险、环境代价要比上游大得多。在我国加工贸易的出口额中，仅有不到一半来自本国的附加值创造，而加工贸易却在出口中占比超过50%。中国作为一个制造与装配者，往往只是按照他国的设计生产，这不利于中国企业的自主创新，也不利于国内产业的升级和中华品牌的诞生。

巩固中国制造、中国加工的同时，推动中国研发和中国设计，通过产业的升级，实现全球价值链的再分配将成为中国下一阶段发展的必由之路。试验区内贸易方式转型方面工作的展开和推进，将有助于中国企业提升其在全球贸易价值链中的相应地位。

64. 上海自贸试验区内鼓励跨国公司建立亚太地区总部的作用是什么？

跨国公司地区总部是指在总部制定的全球经营战略的框架下，从区域级层面上对区域内数个国家的总公司各项活动(生产、销售、物流、研究与开发活动、人才培养、融资)进行统筹管理和协调，并负责制定公司区域性经营战略的组织形式。一般具有投资、经营管理、销售、研发、资金管理、人力资源管理等多种功能，具有很强的辐射作用。一般来讲，跨国公司地区总部可以通过城市功能提升、产业带动、人才集聚、技术进步和税收贡献等效应促进所在地经济的发展。

根据经营性质的不同，跨国公司地区总部主要有四种类型：生产型地区总部、综合服务型地区总部、金融型地区总部、商业型总部。

根据功能不同，跨国公司地区总部有两种表现类型：管理经营型和功能开发型。(1)管理经营型，是指跨国公司地区总部主要根据公司总体战略目标，对各分公司、子公司实施管理及调度。(2)功能开发型，是指在实施对跨国公司整体系统管理的同时，还具备相对独立的功能开发能力，这种功能开发相对集中于投资与科研领域之中。从跨国公司总部演变趋势看，这类总部占大多数。当前世界排名前500强的绝大多数跨国公司及国际金融财团总部属于这一类。

按照《总体方案》要求，上海自贸区将鼓励跨国公司建立亚太地区总部，建立整合贸易、物流、结算等功能的营运中心。目前跨国公司一般在全球设有两到三个资金结算中心，以往运作模式通常是下单、结算在海外，而货物制造和运输在中国。目前自贸试验区提出进行利率市场化、外汇管理制度、人民币资本项目兑换等改革，这将使得跨国公司在沪设立地区总部具备必要条件。

大力吸引跨国公司地区总部，促进地区总部功能的集中和升级将为上海带来货物流、资金流、信息流乃至大量的人才，将对上海的“四个中心”建设和城市功能的提升产生推动作用。这也将提升中国在全球经济格局中的国际竞争力。根据《总体方案》的要求，上海自贸区将用三年时间培育一批拥有足够实力，能够统筹国内、国际市场，统筹在岸、离岸业务，统筹贸易、物流和结算功能的亚太区营运总部。

65. 上海自贸试验区内企业开展的离岸业务指的是什么？

离岸业务是指企业利用海外资源，生产、服务于非居民的经营活动。根据《总体方案》的要求，上海自贸区将支持区内企业发展离岸业务。

开展离岸业务将为企业带来四大优势：

第一，开展离岸业务的公司可减免相应的税收负担。公司开展的离岸业务通常没有任何税收负担，所有离岸法区均不同程度地规定了离岸业务所取得的营业收入和利润免交当地税赋或以极低的税率（如1%）交纳。公司只需要每年支付当地政府一项固定的费用。

第二,开展离岸业务的公司可通过离岸法区与世界其他国家建立起良好的经贸关系。在某些合同签署时,开展离岸业务的公司可利用离岸法区的相关规定与海外公司达成协议。

第三,公司开展的离岸业务可不受外汇管制。

第四,公司开展的离岸业务可享有高度的保密权利。英属维尔京群岛、开曼、百慕大等地是部分自治的英国殖民地,其公司法以英国商业公司法为基础。公司有关股东及董事的资料均是保密的,不需要向公众透露。宽松的法律环境以及对公司业务的高度保密,使上市公司自身安全具备充分保障,极大减少了各种风险因素。

在离岸业务中,金融离岸业务是最重要的一部分。一般来讲,金融离岸业务以境外存款为主要资金来源,通过吸收境外非居民客户的资金,向境外客户提供包括贷款、押汇、打包放款在内的综合授信业务,以及离岸客户的国际结算、票据承兑贴现、外汇买卖和业务咨询。

它具体包括:离岸银行存款;离岸银行贷款;离岸国际结算;即期、远期、调期、套利、套汇、期货和期权等各类金融交易活动;承销、分销和买卖在国外发行的证券;代表非居民在诸多信用关系方面充当受托人、执行人和财产保管人;指导或为第三方进行广泛的证券投资或其他投资咨询;根据国外承租人要求,接受或租赁个人财产;为外国人或其他离岸金融业的金融合同和金融证券充当清算银行;向投资公司、共同基金管理公司提供管理服务。

结合上海自贸区内的相关贸易便利化规定细则的出台,注册在上海自贸区内的企业将有更大优势开展离岸业务,调配和利用全球资源,节约其生产成本,提升其产品质量,扩大其经营规模,提升其全球竞争力。随着企业离岸业务的发展将进一步促进区内企业亚太区营运总部的形成。

66. 上海自贸试验区内鼓励企业统筹开展国际国内贸易的方向是什么？

按照上海自贸区《总体方案》的要求，上海自贸区将鼓励企业统筹开展国际国内贸易，发展的方向是实现内外贸一体化发展。

长期以来，由于监管方式不同，税收制度的不同，中国企业存在着一种特殊的现象，即开展国际贸易的企业不做国内贸易，而开展国内贸易的企业不做国际贸易。在外贸领域，大量企业由于缺乏国内销售渠道，企业只能通过在国际市场上压低产品价格才能消化其产能。而在内贸领域，同样企业由于种种限制，无法将自身优势产品出口到国外，赚取更高的利润。这种经营模式的长期存在不利于中国企业合理调配资源。

目前我国内、外贸分割是原先计划经济的产物。新中国成立初期，我国学习运用了原苏联的经济理论和管理模式，形成了高度集中的计划经济管理体制。不仅把生产资料管理与生活资料管理截然分开，而且把国内贸易与国际贸易也割裂开来。全球化经济时代要求打破行政篱笆，摒弃部门经济利益，消除地方保护主义；建立统一、开放、高效、顺畅的商品流通渠道和网络，而我国这种长期内外贸分割的状态，恰好与当今经济全球化背道而驰。

随着上海自贸区区内负面清单管理方法的实施、贸易便利化措施的进一步实施、相关税收制度的进一步合理，区内企业的发展方向是其业务内容既涉及国际贸易又包括国内贸易，实现内贸和外贸的一体化发展。

67. 上海自贸试验区内设置国际大宗商品交易和资源配置平台的意义是什么?

上海自贸区内设置的国际大宗商品交易将完全实现国际化。上海自贸区内将开展能源产品、基本工业原料和大宗农产品的国际贸易,将使国内外商品完全自由流通,不受关税壁垒等方面限制。

大宗商品交易是指专业从事电子买卖交易套保的大宗类商品批发市场,又被称为现货市场。近年来,中国大宗商品消费量在全球总消费量中的占比已接近两成,作为国际大宗商品市场上主要交易商的地位不断得以强化和提升,但在大宗商品的定价权方面,中国却一直未能真正赢得主动。随着经济实力和综合国力的不断增强,中国在全球大宗商品市场的影响力与日俱增,特别是全球金融危机爆发以来,中国进口需求对稳定国际市场大宗商品价格起到了至关重要的作用。目前,在上海自贸区内设置国际大宗商品交易平台将有助中国实现对大宗商品价格话语权的掌控。

2013年9月29日,证监会发文称,拟同意上海期货交易所在自贸区内筹建上海国际能源交易中心股份有限公司,具体承担推进国际原油期货平台筹建工作。依托这一平台,全面引入境外投资者参与境内期货交易。以此为契机,扩大中国期货市场对外开放程度。作为一种重要的资源类大宗商品,原油期货一直被市场所期盼,但由于现行的市场制度跟不上而迟迟未能推出。在自贸区内筹建独立的国际能源交易平台,既可以避免外汇制度、市场监管等方面的束缚,还能借力改革,利用制度创新的灵活度。

上海自贸区将逐步允许境外企业参与商品期货交易,鼓励金融市场产品创新。这将进一步有助于国际大宗商品的定价更趋合理。上海自贸区也将成为全球大宗商品的集散地。

68. 上海自贸试验区内融资租赁的内容是什么?

上海自贸区内允许和支持各类融资租赁公司在上海自贸区内设立项目子公司并开展境内外租赁服务。融资租赁(financial leasing)又称现代租赁或设备租赁,是指实质上转移与资产所有权有关的全部或绝大部分风险和报酬的租赁。资产的所有权最终可以转移,也可以不转移。

最高人民法院《关于审理融资租赁合同纠纷案件若干问题的规定》中对融资租赁合同的界定为:融资租赁合同是指出租人根据承租人对租赁物的特定要求和对供货人的选择,出资向供货人购买租赁物,并租给承租人使用,承租人按约定币种支付租金,在租赁期满时,按约定的办法取得租赁物所有权的协议。

由于租赁物件的所有权只是出租人为了控制承租人偿还租金的风险而采取的一种形式所有权,在合同结束时最终有可能转移给承租人,因此租赁物件的购买由承租人选择,维修保养也由承租人负责,出租人只提供金融服务。

融资租赁是集融资与融物、贸易与技术更新于一体的新型金融产业。由于其融资与融物相结合的特点,出现问题时租赁公司可以回收、处理租赁物,因而在办理融资时对企业资信和担保的要求不高。此外,融资租赁属于表外融资,不体现在企业财务报表的负债项目中,不影响企业的资信状况。

融资租赁和传统租赁一个本质的区别就是:传统租赁以承租人租赁使用物件的时间计算租金,而融资租赁以承租人占用融资成本的时间计算租金。这是市场经济发展到一定阶段而产生的一种适应性较强的融资方式。

经营性租赁(operation leasing)是国外20世纪80年代前就开始流行的一种高级的融资租赁方式。

根据《中华人民共和国企业会计准则第21号:租赁》对于融资租赁和经营租赁的区别方式是:满足以下一项或数项标准的租赁,应当认定为融资租赁:

(1) 在租赁期届满时,租赁资产的所有权转移给承租人。

(2) 承租人有购买租赁资产的选择权,所订立的购价预计将远低于行使选择权时租赁资产的公允价值,因而在租赁开始日就可以合理确定承租人将会行使这种选择权。

(3) 租赁期占租赁资产尚可使用年限的大部分。但是,如果租赁资产在开始租赁前已使用年限超过该资产全新时可使用年限的大部分,则该项标准不适用。

(4) 就承租人而言,租赁开始日最低租赁付款额的现值几乎相当于租赁开始日租赁资产原账面价值;就出租人而言,租赁开始日最低租赁收款额的现值几乎相当于租赁开始日租赁资产原账面价值。但是,如果租赁资产在开始租赁前已使用年限超过该资产全新时可使用年限的大部分,则该项标准不适用。

(5) 租赁资产性质特殊,如果不做较大修整,只有承租人才能使用。

国内现行关税制度极大弱化了租赁公司在境内运作融资租赁项目的积极性。比如租赁公司从国外进口空载重量在25吨以下的飞机,需要缴纳6%的进口关税、17%的进口环节增值税;进口空载重量在25吨以上的飞机,需要缴纳1%的进口关税和17%的进口环节增值税,租赁成本大幅提高,竞争力明显削弱。

上海自贸试验区《总体方案》中提出，对试验区内注册的国内租赁公司或租赁公司设立的项目子公司，经国家有关部门批准从境外购买空载重量在25吨以上并租赁给国内航空公司使用的飞机，享受相关进口环节增值税优惠政策。这一规定将鼓励试验区内的中型以上飞机融资租赁。

在试验区首先鼓励融资租赁，一方面是因为上海正面临工业化中后期的发展阶段，飞机、船舶、发动机及大型生产设备融资租赁市场需求巨大；另一方面是因为《国务院关于推进上海加快发展现代服务业和先进制造业建设国际金融中心和国际航运中心的意见》(国发[2009]19号)赋予上海新的历史使命。国务院2009年19号文明确指出上海要重点发展融资租赁公司。在上海优先发展融资租赁业，具有很大的示范效应，可为全国融资租赁市场的蓬勃发展奠定基础。

统计显示，截至2013年9月底全国融资租赁企业总数约为746家。其中，金融租赁公司23家，内资租赁123家，外资租赁600家。这些公司85%以上都集中在上海、天津、北京、深圳、厦门等20多个城市，部分省会城市无一家融资租赁公司。2013—2017年，我国飞机融资租赁市场规模可达到1 500亿美元，按现行汇率约为9 000亿元人民币，飞机每年融资租赁业务量约为300亿美元，约为1 800亿元人民币。到2017年我国飞机融资租赁市场规模将超过15 000亿元人民币。

69. 上海自贸试验区内发展期货保税交割的背景是什么？

所谓期货保税交割是指以海关特殊监管区域或保税监管场所内处于保税监管状态的期货合约所载商品作为交割标的物进行期货交割的过程。

引入期货保税交割后,在交易和结算流程方面均没有改变,只是在交割中新增保税标准仓单,并进行保税交割。

经过近20年发展,我国期货市场已经在国内产生了重要的影响,然而在国际市场、国际贸易中的定价地位还有待进一步提高。经过几年来的努力,期货保税交割被列为上海“国际金融中心和国际航运中心”建设的重要工作之一。

国务院2009年19号文中明确指出:加大期货市场发展力度,做深做精现有期货品种,有序推出新的能源和金属类大宗产品期货,支持境内期货交易所在海关特殊监管区内探索开展期货保税交割业务。《贯彻落实国务院关于推进上海加快发展现代服务业和先进制造业 建设国际金融中心和国际航运中心意见工作分工方案》中对期货保税交割进行了任务分解:支持境内期货交易所在海关特殊监管区内探索开展期货保税交割业务,由海关总署牵头,证监会、外汇局、财政部等部委参加。

我国目前对铜和铝两个品种通过上海期货交易所开展期货保税交割业务试点。期货保税交割以人民币进行结算。保税交割仓库应当具有法人资格,具备向海关缴纳税款以及履行其他法定义务的能力。保税交割仓库在开展业务前,应当按规定向海关办理注册登记手续。保税交割仓库应当具有中国证监会及期货交易所等业务监管部门认可的资质。保税交割货物必须堆放在交割仓库中的期货交易所指定位置,并设置明显标志。同时开展期货保税交割货物和普通保税货物仓储业务的交割仓库应将两者分开存放。内部管理制度规定及运作流程必须符合上海期货交易所的各项规定。

保税标准仓单与完税标准仓单都是由期货交易所统一制定、发放的,但在用途及流向上有所区别,如下表所示:

用途及流向	完税标准仓单	保税标准仓单
交割	在仓单有效期内卖方用于履行交割义务	相同
充抵保证金	通过电子仓单系统办理	相同
进入现货贸易	注销仓单，成为一般贸易货物	注销仓单，成为一般保税贸易货物
用于国内提货使用	直接提货	需进口，完成报关手续
用于国际贸易	需完成报关出口手续	需完成出境备案手续

因为保税标准仓单的引入，期货交割操作细节也有所调整，如下表所示：

操作流程	现行期货交割模式	试点期货保税交割业务后
交割库	指定完税交割仓库	指定完税交割仓库和指定保税交割仓库
仓单类别	完税标准仓单	完税标准仓单和保税标准仓单
交割结算价	各合约最后交易日后根据规则产生含税交割结算价	保税交割结算价由含税交割结算价扣除相关税费倒推得到
仓单质押	质押物价值根据市场含税价格确定	完税仓单质押物价值根据市场含税价格确定；保税仓单质押物价值根据市场保税价格确定

70. 上海自贸试验区扩大完善期货保税交割的意义是什么？

上海自贸试验区《总体方案》中提出，要“扩大完善期货保税交割试点，拓展仓单质押融资等功能”，以及要“探索在试验区内设立国际大宗商品交易和资源配置平台，开展能源产品、基本工业原料和大宗农产品的国际贸易”。这两者有密切联系。

《海关总署关于支持和促进中国(上海)自由贸易试验区建设的若干措施》中指出,海关总署将鼎力推动上海自贸试验区内的新兴业务发展,如推动期货保税交割业务发展等。

上海自贸试验区内或将开展境外期货交易所交割库试点,上海港则有望取代釜山成为东亚铜和黄金期货的最大交割港。公开信息显示,我国是国际大宗商品和原料的主要进口国和使用国,但定价权严重不足。为此,海关与有关部门共同研究利用海关特殊监管区域开展期货保税交割业务。

随着保税交割的进一步发展,保税货物利用保税仓库在完成进口报关前就可以进入交割环节,不必先行办理报关手续、缴纳进口关税和相关税费:一方面可以大大降低交易风险和交易成本;另一方面也解除了进口后的货物流通限制,从而更加利于上海市场和国际市场价格的联动。而国内大宗商品的交易量、库存和保证金的拥有量要达到一定限额,“中国价格”最终将得到世界公认,成为国际定价中心。

海关总署相关负责人表示,目前试验区内的洋山保税港区已试点开展了与国际接轨的期货保税交割业务,并探索出与之相适应的海关治理模式,正培育和建立公道的商品定价机制。下一步,试验区内的洋山港区有望将扩大期货保税交割的商品种类和试点范围。

上海自贸试验区内有望开展境外期货交易所交割库试点。海内最大的有色金属商业商迈科金属国际团体表示,期待在洋山保税港区建设海内首个LME(伦敦金属交易所)交割库。具有国际市场定价权的LME是多种产业金属的期货交易中央,其旗下的铜等产业金属品种有望率先纳入试点。业内人士指出,目前亚太多个期货品种的交割中央位于韩国釜山、蔚山等,假如LME商品交割库落户上海自贸试验区,上海港将有望取代釜山成为东亚期铜期金的最大交割港。

自2010年12月13日开展期货保税交割试点以来,依托期货保税交割首家试点的先发效应、洋山港保税区在大宗商品物流方面的集聚枢纽效应已经初步显现。此外,洋山保税港区与国际市场接轨的保税效应,也助推吸引了大宗商品贸易和营运企业60家。

期货市场是"先锋队",为中国争取国际市场更大的定价权"打头阵"。尽管中国是全球生产与消费市场的"大高个",但在国际定价影响力方面却是"小矮个"。为了重塑与中国生产、消费大国地位相称的定价影响力,中国期货市场近来上市的品种越来越与国际接轨,谋求发布更多、更具影响力的"中国价格"。

推出与国际市场接轨的重量级期货更是重中之重。国务院对2013年期货市场作部署时,提出要"推进煤炭、铁矿石、原油等大宗商品期货和国债期货市场建设"。随后,国债期货9月6日在中金所上市,中国首个大宗资源型期货品种动力煤期货9月26日在郑商所上市,全球首个以实物交割的铁矿石期货10月18日在大商所上市。

继石油沥青期货在上期所上市后,"压轴"主角——"中国版"原油期货将登台亮相。原油是国际大宗商品市场最重要的龙头品种,中国作为原油消费大国,亟待提升原油定价影响力。适时推出原油期货交易,既有利于中国在国际石油市场争夺定价话语权,提高应对国际能源价格大幅震荡风险的能力,更能够配合石油战略储备,构建立体化、多元化的能源安全体系,为中国经济平稳较快发展保驾护航。

71. 上海自贸试验区内国家对外文化贸易基地的作用是什么?

国家对外文化贸易基地是中国文化"引进来、走出去"的前沿阵地。作为我国实施文化“走出去”国家战略的首块“试验田”，上海外高桥国家对外文化贸易基地于2011年11月由文化部和上海市政府共同宣布揭牌。其前身是2007年由上海市委宣传部和浦东新区人民政府发起成立的上海国际文化服务贸易平台。

2011年10月，中华人民共和国文化部将上海国际文化服务贸易平台命名为国家对外文化贸易基地。国家对外文化贸易基地是在上海国际文化服务贸易平台组建和运营的基础上，由上海东方汇文国际文化服务贸易有限公司负责运营的公共文化贸易综合性服务平台。

根据国际货币基金组织(IMF)的国际收支手册：所谓国际文化贸易是指居民与非居民之间有关个人、文化和娱乐服务的交易。具体可细分为以下两类：第一类是声像和有关服务，第二类是其他文化和娱乐服务。第一类包括(影片或录像带形式的)电影、收音机、(实况或提前录制的)电视节目和音乐录制品。这里还包括租用费用的支出和收入、演员、导演、制片人等从作品在国外播放而得到的报酬，卖给传播媒介、在指定地点上映次数有限的播映权费。有关戏剧、音乐作品、体育活动、马戏等活动的演员、制片人收到的费用，以及这些活动(电视、收音机等)的放映权费用也包括在内。第二类包括其他个人、文化和娱乐活动，如博物馆、图书馆、档案馆等其他与文化、体育和娱乐有关的活动。这里还包括国外教师或医生提供的函授课程的费用。

国际文化贸易已成为了国际服务贸易的一个重要组成部分，国际文化贸易已成为当今全球服务贸易竞争的重点领域之一。相对应的文化产业在发达国家国民经济产值中亦占有很大比重，正成为其出口支柱产业之一。

上海自贸试验区内的对外文化贸易基地作为首个国家对外文化贸易基地，将利用其特殊区域优势，利用浦东新区综合配套改革试点政策以及上海建设国际经济、金融、贸易、航运中心的有利契机，通过扩大政策、功能和服务等综合优势，为全国文化企业提供进出口代理、产品展示、设备租赁、商贸咨询、版权交易、演艺经纪、影视后期制作、影视策划及创意设计等全方位的服务和支持。

国家对外文化贸易基地将深入贯彻中华文化“走出去”的国家战略和党的十七届六中全会精神，立足上海、辐射长三角、服务全国、面向世界，积极促进文化产业繁荣发展和推动中华文化产品和服务“走出去”，打造国际文化贸易的枢纽港，在对外文化贸易领域充分发挥引导和示范作用。

72. 上海自贸试验区内推动服务业外包的意义是什么？

服务外包产业（service outsourcing industry），是基于在经济发展的带动下，企业为了更好的发展，将其非核心的业务外包出去，利用外部最优秀的专业化团队来承接其业务，从而使其专注于核心业务，达到降低成本、提高效率、增强企业核心竞争力和对环境应变能力的一种管理模式。

WTO 的《服务贸易总协定》将服务分为 12 个部门，即商务服务、通信服务、建筑和相关工程服务、分销服务、教育服务、环境服务、金融服务、健康服务、旅游服务、娱乐文化和体育服务、运输服务、其他服务。服务业外包可以按这 12 个部门进行分类。

在世界范围内看，美国和欧洲等发达国家（地区）是服务外包产业链的上游端，印度、中国等发展中国家（地区）是服务业外包的承接主体。发展服务外包有利于提升服务业的技术水平、服务水平，推动服务业的国际化和出口，从而促进现代服务业的发展。

承接外包服务，可以增大服务业占 GDP 的比重，提升产业结构，节省能源消耗,减少环境污染。服务外包产业是现代高端服务业的重要组成部分,具有信息技术承载度高、附加值大、资源消耗低等特点。承接服务外包对服务业发展和产业结构调整具有重要的推动作用,能够创造条件促进以制造业为主的经济向服务经济升级,推动增长方式向集约化发展。

承接外包服务,可以扩大服务贸易的出口收入。近几年来我国外贸出口在稳步发展,但同时也遇到许多问题,如出口退税政策的调整、国外贸易设限不断增强、贸易摩擦不断增多、人民币汇率不断提高等,要保持持续快速增长已经越来越困难。而发展服务外包,因其对资源成本依赖程度较低、国外设限不强,具有快速增长的余地,从而有望成为出口新的增长动力。

我国制造业利用外资有 20 多年的历史,取得长足进步。随着经济的不断发展,各个城市都将面临或已经面临着能源资源短缺、土地容量有限的现实问题。而服务外包项目由于对土地资源要求不高,一旦外商有投资意向,落户概率将远高于二产项目。我国下一轮对外开放的重点是服务业,服务业的国际转移主要就是通过服务外包来实现的,承接服务外包产业,就能够实现国际先进服务业逐步转移,从而优化利用外资的结构,更加适合城市经济的和谐发展。

73. 上海自贸试验区内鼓励设立第三方检验鉴定机构的目的是什么?

根据上海自贸试验区《总体方案》要求,试验区将鼓励设立第三方检验鉴定机构,按照国际标准采信其检测结果。

第三方检验鉴定机构是指借助于某种手段和方法,按照合同、标准或国内外有关法律、法规、惯例,对标的物的质量、规格、重量、数量、包装、安全及卫生等方面进行检查，并做出合格与否或通过验收与否的判定的专业机构。

相比欧美发达经济体而言，国内第三方检测机构设立较晚。目前国内检测状况是：内销产品由国家检测机构负责，如质监局、疾病预防中心等；出口产品则主要由国外检测机构负责。

为鼓励和促进自贸试验区内第三方检验市场的发展，经国家质检总局同意和批准，《中国（上海）自由贸易试验区进出口商品检验鉴定机构行政许可特殊程序》正式在自贸试验区内实施。该特殊程序放宽了审批条件，包括自然人及从事内贸检验鉴定业务不满 3 年的机构，均可在自贸试验区内申请设立进出口商品检验鉴定机构，一改以往"投资者应当是以第三方身份依法在国内专门从事检验鉴定业务 3 年以上的独立机构"的硬性要求。如今，自受理申请至完成初审的流程也主动缩短了 15 个工作日，所有审批由国家质检总局"一事一批"，极大地方便了申请人。

截至 2013 年年底，上海地区获国家质检总局行政许可的第三方进出口商品检验鉴定机构共有 68 家，数量位居全国首位，2012 年的营业收入达 61 亿元，占全国总额的 41%。随着这一政策的出台，上海检验检测认证市场业务量将越来越大。

自贸试验区成立以来，国家质检总局高度重视自贸试验区建设，上海检验检疫局也积极加快对自贸试验区制度创新的研究，出台了《中国（上海）自由贸易试验区被采信结果进出口商品检验鉴定机构的监督管理办法（试行）》，对被采信机构监督管理的公示制度、监督抽查、能力验证和比对试验等一系列制度创新。

74. 什么是实验室资质认定告知承诺制？

所谓告知承诺，是指公民、法人或者其他组织提出行政审批申请，行政审批机关一次告知其审批条件和需要提交的材料,申请人以书面形式承诺其符合审批条件,并能够按照承诺在规定期限内提交材料的,由行政审批机关作出行政审批决定的方式。

2014年4月16日,上海市质监局正式印发了《中国(上海)自由贸易试验区内产品质量检验机构资格审批部份变更审批告知承诺办法》和《中国(上海)自由贸易试验区内产品质量检验机构计量认证部份变更审批告知承诺办法》(以下简称两个《办法》)。两个《办法》将于2014年6月1日起正式施行。这标志着上海在全国率先在检验检测机构资质认定审批领域实施告知承诺制,这也是上海质监局首批开展告知承诺制的审批项目。

两个《办法》按照风险可控的原则,除食品检验、司法鉴定、机动车安全技术检验等直接关系人身健康、生命财产安全的行政审批事项外,对自贸试验区内的检测机构,在标准变更、场所变更、授权签字人变更等审批事项方面实行告知承诺制。届时自贸试验区的检测机构一旦承诺符合相关规定条件,审批部门即当场作出审批决定,大大缩减了审批时间,使自贸试验区的检测机构能更快速适应市场检验检测需求的变化。据统计,目前全市产品质量检验机构计量认证变更申请受理量占该事项全部受理量的34%,相关变更审批事项按正常审批程序,企业从申请到取证,平均需1个多月。告知承诺的实施将使检测机构受益匪浅。

同时,为加强"事中事后"监管,两个《办法》也规定上海市质量技术监督局自由贸易试验区分局将在作出准予行政审批的决定后2个月内,对被审批单位的承诺内容是否属实进行检查,对不符合要求的责令限期整改,整改仍不符合要求的将撤销审批决定。此举将倒逼检测机构必须持续符合所承诺的条件,规范其检测行为,也是督促检测机构落实主体责任的一项措施。

下一步,上海市质监局将对告知承诺制的施行效果进行评估,总结出可复制、可推广的经验，并逐步将实验室资质认定告知承诺制的适用区域逐步扩大到其他区（县）、适用范围逐步扩大到计量认证的复查、扩项甚至新建领域。

75. 上海自贸试验区内将试点开展境内外高技术、高附加值维修业务的目的是什么？

上海自贸试验区开展的维修业务是指试验区的企业对来自境内外的部件报坏、部分功能丧失或者出现缺陷的货物进行检测、维修的经营活动。维修货物包括待维修货物、已维修货物、维修用的保税料件、维修替换下的坏件。

根据《总体方案》要求，上海自贸区内将试点开展境内外高技术、高附加值的维修业务。高技术、高附加值维修业务的开展将意味着区内相关企业利润水平的提升。上海自贸试验区开展的维修业务是指试验区内的企业对来自境内外的部件报坏、部分功能丧失或者出现缺陷的货物进行检测、维修的经营活动、维修货物包括待维修货物、已维修货物、维修用的保税料件、维修替换下的坏件。

改革开放30多年以来，我国进口大量国外先进的技术设备，随着时间的推移，这些设备都将进入维护、保养、修缮阶段。以航空器为例，中国民航局曾经预计，飞机大约六至十年会进入大修阶段，我国的航空维修行业产值将达到450亿元以上。但直到现在，我国的高端飞机维修市场也主要掌握在外资和合资飞机维修企业手中，而毛利率最高的发动机维修，更是还有六成以上需要送到海外维修。

目前上海自贸区内的制度安排将有助于区内企业获取料件进口豁免

银行保函,以及料件、修理工具等器材的进口环节税的免除,加之进口通关速度的进一步提升都将有助于区内企业开展高技术、高附加值的维修业务。

76. 上海自贸试验区内加快培育跨境电子商务服务功能的政策内涵是什么?

根据上海自贸试验区《总体方案》要求,试验区内将加快培育跨境电子商务服务功能。试点建立与之相适应的海关监管、检验检疫、退税、跨境支付、物流等支撑系统。

试验区内加快培育跨境贸易电子商务服务功能,是促进外贸稳定增长的重要举措,也是推动海关改革创新的内在需要。通过试点工作,上海自贸试验区将总结制定跨境贸易电子商务涉及的通关、结汇和退税等方面的管理办法及标准规范,促进国家跨境贸易电子商务发展。

2013年11月18日,由海关总署牵头建设的跨境电子商务平台"跨境通"正式试运行,箱包、化妆品等首批百件商品上线,引来不少消费者下单。目前上海跨境贸易电子交易试点——"跨境通"电子商务平台即将上线运营。该平台采用"仓储保税进口"模式,即从仓库到个人的直销模式,大幅降低物流成本,减小国内外价格的差距,"跨境通"即将推出的商品主要包括服装、服饰、婴幼儿用品、3C电子产品、化妆品、箱包等六大类热门商品,其价格与国内专柜价相比,普遍至少便宜30%。在跨境通网站上,商品总价包括价格和关税两部分。关税额在商品价格的10%—50%不等。以箱包为例,关税统一在价格的10%,与国内专卖店相比,由于省去了17%的增值税以及减少流通环节成本,价格要便宜三成左右,与海外代购差不多。

网站销售的商品分自贸专区和直邮专区两个通道。自贸专区的商品已抵达自贸试验区的保税仓库，消费者下单后就能从仓库发货，主要有箱包类产品。直邮专区的商品则由海外发货，送到消费者手中最快要3—4天，主要有护肤品等。

相比国外代购，跨境通平台上的商品一是可以避免买到假货，二是到货快，三是可以解决售后服务问题。跨境通运营方有关负责人表示，他们规定入驻电商要在国内有承担或负责售后服务的分支机构。不过，目前跨境通平台上的货物还不多，且在交易类型上，只设置了进口通道，出口通道尚未设置。

跨境电子商务已成为我国企业寻求海外商机的新选择。跨境通已经与联想控股、国旅中免集团、中国银联、中国电信号百控股、东方网、森兰外高桥、东方国际、韩国现代百货、天下牧场、现代产业开发公司等合作伙伴展开业务合作，并与eBay、亚马逊等大型电商企业进行了深入的洽谈。随着我国跨境电子商务政策制度环境的逐步完善，在电子商务服务企业的带动下，跨境电子商务将进一步发挥中国制造的产品优势，促进“中国制造”向“中国营销”和“中国创造”加速转变。

77. 上海自贸试验区内加快发展航运运价指数衍生品交易业务的意义是什么？

上海自贸试验区《总体方案》明确指出将提升国际航运服务能级，探索形成具有国际竞争力的航运发展制度和运作模式，加快发展航运运价指数衍生品交易业务。

所谓航运运价指数，是指某一类型的船舶在考虑全球多条典型航线的运价情况后,通过各条航线所占的权重,计算出本类型船舶指导性运价的综合情况和变动相对数。

航运运价指数衍生品是国际航运市场重要的风险管理工具,通常指依赖于航运运价指数变动的合约,主要包括航运运价指数期货、远期运费协议及运费期权。其中,远期运费协议是航运交易双方约定在未来某一时间点就事先约定的运费价格进行现金结算的远期合同。它是目前国际航运运价指数衍生品交易中最具吸引力、成交额最大的产品。

由波罗的海航交所发布的波罗的海综合指数(Baltic Dry Index)是目前世界上衡量国际海运情况的权威指数,是反映国际贸易情况的领先指数。波罗的海综合指数是散装船航运运价指标,散装船运以运输钢材、纸浆、谷物、煤、矿砂、磷矿石、铝矾土等民生物资及工业原料为主。因此,散装航运业营运状况与全球经济景气荣枯、原材料行情高低息息相关。故波罗的海指数可视为经济领先指标。一般认为,BDI 指数 2 000 点是航运公司的盈亏线,跌破 2 000 点后,所有航运公司都是亏损运营。

目前世界上一些主要航运国家和研究机构定期发布包括各种运价指数的市场报告,如英国海运交易所每月发布不定期船运价指数报告,德国不来梅航运经济研究所、美国纽约航运研究院均定期发布运价指数报告。

中国是全球最大的集装箱货源国,上海航运交易所发布的中国出口集装箱运价指数将有助于提升上海国际航运中心在国际班轮运输市场中的话语权、定价权,并帮助国内企业有效规避航线运价波动风险。发展航运金融及航运运价指数衍生品交易业务等将改善上海国际航运中心软环境,聚集更多的航运要素。

交通运输部与上海市人民政府联合发布了《关于落实〈中国(上海)自由贸易试验区总体方案〉加快推进上海国际航运中心建设的实施意见》。

文件明确指出要加快发展航运运价指数衍生品业务。完善监管制度，防范航运金融风险，加强远期运价监管。支持上海开展中国进口干散货、原油等大宗散货运价指数的编制和发布工作。

航运运价衍生品作为自贸试验区《总体方案》的重要组成部分，将根据国家战略部署以及试验区的发展要求，在已有上海出口集装箱运价指数这个国际化产品的基础上，推出国际干散货等更多国际化的产品，为航运金融进一步服务实体产业进行积极的探索。

78. 上海自贸试验区内的国际中转集装箱拼装业务指的是什么？

上海自贸区内的国际中转集装箱拼装业务就是指境外货物经过近洋、远洋国际航线运至上海港，与内地通过沿海、沿江内支线船舶转关至上海港的出口货物，在海关特殊监管区域内拆箱进行分拣和包装，并根据不同目的港或不同客户，与上海本地货源一起重新装箱后再运送出境的一种港口物流业务。

国际中转集装箱拼装业务开展的条件是：良好的地理环境；强大的腹地经济；良好港口基础设施；完善的集疏运系统。为加快国际航运发展综合上海自贸区建设，发挥洋山国际集装箱枢纽港的地位和作用，洋山保税港区自 2009 年起开展面向国内口岸的水水中转集拼业务试点。2011 年上海综合保税区管委会在此基础上深入调研，把拓展洋山保税港区国际中转集拼业务列入上海综合保税区重大功能突破项目之一，希望能依托洋山保税港区的区位优势和政策优势，将箱源和货源集中在园区海关监管仓库内进行二次拆拼箱、再经过国际远洋干线运送出境，进一步发挥远洋运输的规模效应、提升上海口岸的物流增值服务水平。

目前,亚洲地区国际中转集拼业务发展较快的主要是韩国釜山、中国香港和新加坡等国际集装箱枢纽港,而我国内地港口由于受航线航班、监管模式、运输政策等种种因素的限制,尚未开展国际中转集拼业务的先例。通过国际近洋航线运达的境外转口货物,通过沿海、沿江内支线运达的内地转关货物,通常都是在洋山保税港区码头以整箱中转的方式经国际远洋干线运送出境;而长三角地区和上海本地的货源一般是在港区周边物流仓库内拼箱后,再通过洋山保税港区的国际远洋干线运送出境,两者之间是互不相关的。但随着全球经济的深刻变化、产业梯度转移势头加速以及我国中西部地区迅速崛起,东部沿海地区的产业结构升级和上海城市功能转型都已迫在眉睫。

拓展洋山保税港区国际中转集拼功能,将进一步加快发展上海生产性服务业,扩展国际采购/分配配送等物流增值业务的服务区域,更好地服务经济、服务全国;同时,这也是贯彻落实国务院 2009 年 19 号文件精神,探索建立国际航运发展综合上海自贸区、探索创新海关特殊监管区域管理制度的一个实际行动,有利于提高上海国际航运中心的竞争力,在功能和服务方面进一步缩小与新加坡、中国香港等国际港口的差距。

79. 上海自贸试验区内开展的沿海捎带业务具体指什么?有哪些规定?

为推动上海国际航运中心和中国(上海)自由贸易试验区建设,根据我国相关法律法规和规定,中资航运公司可利用其全资或控股拥有的非五星旗国际航行船舶开展外贸进出口集装箱在国内沿海港口和上海港之间开展的货物捎带业务。

开展试点捎带业务的中资航运公司需要向交通运输部办理备案手续，其中的“中资航运公司”，指注册在境内，依据《中华人民共和国国际海运条例》取得《国际班轮运输经营资格登记证》、从事国际海上运输业务的企业法人。

中资航运公司不得擅自将经备案批准开展试点业务船舶转租他人。一旦转租，自船舶租赁合同生效之日起，船舶自动丧失开展试点业务的资格。

除依照规定备案的船舶外，其他任何非五星旗船舶，不得承运中国港口间的集装箱货物，包括不得承运在国内一港装船、经国内另一港中转出境，或者经国内一港中转入境、在国内另一港卸船的外贸集装箱货物。如违反本条规定，将依据《中华人民共和国国际海运条例》第四十五条等规定予以处罚。

80. 上海自贸试验区内支持浦东机场增加国际中转货运航班的目的是什么？

上海自贸试验区《总体方案》指出将支持浦东机场增加国际中转货运航班，浦东国际机场作为试验区组成的四部分之一，上海自贸区内的唯一空港，增加国际中转货运航班将进一步增强其空港枢纽的地位，进一步完善中枢航线网络，提升其经济辐射作用。

根据总体方案要求，上海率先启动实施了浦东机场航空货物中转集拼业务试点。这意味境外货物经过国际航班运抵上海浦东机场后，可以在指定区域内拆箱进行分拣，根据不同的目的地重新装箱后，再次运送出境，有效提升国际货运中转效率。据测算，DHL 在正式启动中转集拼业务后，每周将有8 000余票快件由原先第二天白天出运,改为午夜航班出运,可节省8小时的递送时间,使客户享受到更晚取件、更早送达的优质服务。

国际中转集拼业务的规模化开展,将为浦东机场货邮吞吐量的增长带来红利。目前,浦东机场年货邮吞吐量为300万吨,连续5年排名全球第三。90多家中外航空公司在浦东机场开通了前往全球230个城市的航线网络,其中纯货运航空公司达到37家,纯货机通航点57个,每周全货机超过1 000班,浦东机场的纯货运航线网络在亚太地区排名前列。

上海机场集团董事长李德润表示,上海机场集团将从机场设施改扩建、软件服务能级提升、区域功能完善三方面着手,与自贸试验区建设实现对接。到2020年,浦东机场年货运量力争达到470万吨,货运中转比例由目前的不到5%提升到15%,构建起空空、空地、线上线下三网一体的复合型国际货运网络,成为全球第一大货运机场。

据了解,2015年浦东机场第4条跑道将投入启运,用于大飞机试飞的第5条跑道也在全力建设中,未来浦东机场将成为国内首个拥有5条跑道的机场。此外,机场候机空间也将进一步扩容,在现有T1、T2两座航站楼的基础上,浦东机场将再建一座南卫星厅。该卫星厅拥有105个机位,通过便捷的地下交通与主航站楼相连。目前机场集团正在全球征集卫星厅设计方案,预计于2018年建成启运。

当前,中国香港国际机场、美国孟菲斯机场、中国上海浦东机场分列全球机场货运吞吐量前三强。国际中转货运航班数量的进一步增加一方面将加快提升上海自贸区内企业产品的出港速度,节省其仓储成本,增加其国际竞争力;另一方面将进一步优化国际货运航班的资源配置效率,降低国际航空公司货物航班的空置率,更有效地利用其航班舱位。国际中转货物航班数量的增加也将服务于上海航运中心的建设,方便在上海港装卸的货物更快捷地发送到世界各地。

81. 上海自贸试验区内开展的航运金融有哪些内容?

上海自贸区内拟开展的航运金融业务是指航运企业运作过程中发生的融资、保险、货币保管、兑换、结算等经济活动而产生的一系列相关业务的总称,可分为船舶融资、船运保险、资金结算和航运价格衍生产品四大类型。

(1) 船舶融资。船舶融资包括在建船舶的融资和构建船只的融资。航运业是资本密集型行业,具有投资金额大、风险高、回收期限长的特点,仅靠航运企业的自有资金很难实现合理的发展,需要借助一些外力来弥补资金的需求。船舶融资就是对航运企业构建船只过程中发生的资金融通行为。

(2) 船运保险。航运保险在我国又称水险,主要包括船舶险、货运险和保赔险。货运险针对船上所运输的各类货物,船舶险以各类船舶本身为保险标的。这两个险种主要由商业保险公司经营。

(3) 资金结算。由于航运企业是在全球范围内开展业务,所以需要一个金融机构来为其进行货币保管、兑换、结算等业务,也就是资金结算业务。

(4) 航运价格衍生产品。航运价格衍生品是航运业、与海运相关的石油和钢铁等行业规避海运价格风险的工具,主要有三种产品,即航运指数期货/期权、运费期权以及远期运费合约。其中,远期运费合约(FFA)是航运交易双方约定在未来某一时点,就事先约定的运费价格进行现金结算的远期合同。

国务院 2009 年 19 号文提出将上海基本建成国际金融中心的同时,还要将上海建设成为具有全球航运资源配置能力的国际航运中心,明确要求加快发展航运金融服务。在新形势下，国际金融中心和国际航运中心建设需要整合，航运金融服务是一个重要的发展方向。一个成熟的国际航运中心离不开航运金融服务业的支撑，全球公认的伦敦、香港、新加坡、阿姆斯特丹、汉堡等国际航运中心城市都有发达的航运金融服务业。

航运金融服务是建设国际航运中心和国际金融中心的纽带。一方面，国际航运中心的建设需要金融业提供融资、租赁、保险、国际结算等金融服务，能为金融中心源源不断地提供业务来源，加速金融市场体系的完善，成为国际金融中心建设的巨大推动力；另一方面，国际金融中心的建设能够形成强有力的金融支撑，为航运中心的建设提供更为丰富的金融产品，使航运金融服务发展得更为全面，进而促进国际航运中心的建设。

82. 方便旗船指的是什么?

“方便旗”指在船舶登记宽松的国家进行登记，取得该国国籍，并悬挂该国国旗的船舶。

国际运输业工人联合会(ITF)认定的方便旗国(地区)有：安提瓜和巴布达、巴哈马、百慕大、开曼群岛、塞浦路斯、直布罗陀、洪都拉斯、黎巴嫩、利比里亚、马耳他、马绍尔群岛、荷属安第列斯、巴拿马、圣森特、斯里兰卡、瓦努阿图。

船舶悬挂的旗帜表明该船舶的国籍，在公海上的船舶受船旗国的专属管辖和保护，无国籍的船舶在公海上被认为是海盗船，不受任何国家的保护。实践中，有些国家允许外国人所有的船舶悬挂其旗帜，于是，有些外国船舶为了逃避本国的税务和其他强制措施而往往购买这些国家的旗帜，这种船旗被称为方便旗。

由于开放登记国对船员的雇用不加限制，对船舶的经营管理不予干涉，加之税收低、船舶最低配员低等因素，在成本上十分有利于船舶所有人，因此方便旗船发展非常迅速，至今约占世界船队总吨位的1/3。

83. 目前中国对中资方便旗船的税收优惠有哪些？

财政部、海关总署、国税总局决定，对2005年12月31日前已在境外办理船舶登记手续悬挂方便旗、船龄达到一定年限且符合相关技术条件的中资船舶（中方出资比例不低于50%的船舶），在2011年7月1日至2015年12月31日期间报关进口的，免征关税和进口环节增值税。

通知明确，享受税收优惠的各类进口船舶的船龄范围为：油船、化学品船、液化气船等的船龄为4年—12年，散货船、矿砂船等的船龄为6年—18年，集装箱船、杂货船、多用途船、液化石油气船、散装水泥船等的船龄为9年—20年，上述船龄指船舶自建造完工之日起至2007年7月1日的年限。

84. 上海自贸试验区内将实行已在天津试点的国际船舶登记政策，指的是什么？

《天津东疆保税港区国际船舶登记制度创新试点方案》（以下简称《试点方案》）的指导思想是推进中国的船舶登记制度创新，对我国现行的船舶登记制度形成有益补充，更好地维护我国的航运经济安全和战略安全；积极开展建设中国特色自由贸易港区的改革探索，增强自主创新能力，提高对外开放水平。

一直以来，我国实施的是严格的船舶登记制度。在我国登记的船舶，必须入CCS级，必须雇用中国船员，同时对登记船舶有严格的船龄限制。同时，我国的税收政策对从国外建造或进口船舶还要征收高额的进口关税和进口环节增值税。这些因素造成自20世纪90年代中期以来，中资船舶大量移籍海外，悬挂方便旗营运，在一定程度上限制了船舶运输业的发展。为了适应航运产业上游产业的多样快速发展，为航运要素聚集创造更大的空间，有必要在船舶登记制度方面进行适度创新。

《试点方案》积极支持天津东疆保税港区推进船舶登记制度创新试点，在保障安全的前提下，有选择地放宽船公司股权结构比例、船龄限制、船级社等准入条件。吸引符合条件的中资方便旗船或拟在境外登记的中资船舶在我国登记，壮大五星旗国际运输商船队。

在登记主体方面，严格限制了船舶吨位大小，为1 600总吨以上的货船、不定期客船、钻井平台及其他水上移动装置；船舶法人的注册资本中有外商出资的，除中方投资人出资额不得低于50%的要求外，新增了国有资产监督管理部门认定的境外中资企业回国投资，其出资可作为中方出资额，境内外商投资企业在天津东疆保税港区再投资设立的企业不受出资额比例限制等新的内容；已经办结海关完税、退税或保税手续的船舶也可按照《试点方案》登记。

在船龄方面，新的国际船舶登记制度将各种进口船型的船龄年限均放宽两年。同时经海事机构核准后，允许船舶雇用外籍高级船员，但外籍船员比例不得超过30%。此外，在登记业务形式上还增加了船舶融资租赁登记。

85. 上海自贸试验区内航运服务领域的开放措施有哪些？

根据上海自贸试验区《总体方案》，试验区内航运服务领域的开放措施涉及两个国民经济行业分类：远洋货物运输（国民经济行业分类：G 交通运输、仓储和邮政业——5521 远洋货物运输）和国际船舶管理（国民经济行业分类：G 交通运输、仓储和邮政业——5539 其他水上运输辅助服务）。

远洋货物运输
- 放宽中外合资、中外合作国际船舶运输企业的外资股比限制
- 允许中资公司拥有或控股拥有的非五星旗船
- 先行先试外贸进出口集装箱在国内沿海港口和上海港之间的沿海捎带业务

国际船舶管理
- 允许设立外商独资国际船舶管理企业

具体开放措施如下：

（1）经国务院交通运输主管部门批准，在自贸试验区设立的外商投资比例超过 49%的中外合资、合作企业，及其拥有或实际经营的船舶，可经营进出中国港口的国际船舶运输业务。相关要求和办理程序，按照《中华人民共和国国际海运条例》和《中华人民共和国国际海运条例实施细则》有关规定执行。

（2）经上海市交通运输主管部门批准，在自贸试验区设立的外商独资企业可以经营国际船舶管理业务。上海市交通运输主管部门参照《中华人民共和国国际海运条例》第九条、第十条和《中华人民共和国国际海运条例实施细则》第八条的相关规定办理审批程序，并将审批结果向国务院交通运输主管部门备案。

（3）在自贸试验区设立的中外合资、合作国际船舶运输企业，其董事会主席和总经理可由中外合资、合作的双方协商确定。

（4）在自贸试验区设立的中外合资、合作国际船舶运输企业，其拥有或

光船租赁的船舶可以按照《中国(上海)自由贸易试验区国际船舶登记制度试点方案》进行船舶登记。

(5) 在自贸试验区设立中外合资、合作企业经营国际船舶运输业务,或设立外商独资企业经营国际船舶管理业务,本办法未作规定的,适用《中华人民共和国中外合资经营企业法》、《中华人民共和国中外合作经营企业法》、《中华人民共和国外资企业法》、《中华人民共和国国际海运条例》以及《中华人民共和国国际海运条例实施细则》的有关规定。

86. 什么是预检验制度和进口货物出区"零等待"?

进口货物预检验及核销,是指根据企业申请,检验检疫部门对区内货物实施集中检验,分批核销出区的工作模式。企业在货物入境进区或在区仓储时申请预检验,即可以由检验检疫机构一次完成检验检疫工作,货物一经检验合格,检验检疫机构将登记预检验合格信息,并签发核销凭证。凭此凭证,预检验合格货物可以免予检验,随时分批出区,直接核销放行。

通过预检验及核销制度的实施,可以在自贸试验区"二线"严密防范质量安全风险的同时,有效地将刚性的进口现场检验和实验室检测时间前置到货物的在区仓储期间,实现了货物出区时"零等待"和预检验后,货物进境到进口通关的整个流程时间至少缩短50%。进口工业品从7到8个工作日缩短至3到4个工作日,进口化妆品从12个工作日缩短到5个工作日。

金融创新

87. 涉及金融开放的政策文件有哪些？何处可以查询？

涉及金融领域开放的政策文件除了两份综合性文件，即2013年9月27日由国务院颁布的《中国(上海)自由贸易试验区总体方案》以及2013年9月29日由上海市人民政府颁布的第7号令暨《中国(上海)自由贸易试验区管理办法》以外，还陆续出台了一些专业性文件，分别是由我国金融系统的监管部门"一行三会"出台的支持中国(上海)自由贸易试验区的相关金融的政策措施，主要包括由银监会公布的《关于中国(上海)自由贸易试验区银行业监管有关问题的通知》、由证监会公布的《资本市场支持促进中国(上海)自由贸易试验区若干政策措施》以及由中国人民银行上海总部发布的《关于金融支持中国(上海)自由贸易试验区建设的意见》(俗称"央行30条")、《关于上海市支付机构开展跨境人民币支付业务的实施意见》、《关于在中国(上海)自由贸易试验区放开小额外币存款利率上限的通知》和《关于印发支持中国(上海)自由贸易试验区建设外汇管理实施细则的通知》等。

88. 首批入驻上海自贸试验区的金融机构有哪几家？

2013年9月29日上海自贸试验区挂牌正式启动运营后，首批入驻试验区的金融机构共有11家。其中，8家中资银行(分行形式)分别为：中国工商银行、中国农业银行、中国银行、中国建设银行、交通银行、招商银行、上海浦东发展银行及上海银行；2家外资银行(支行形式)分别为：花旗银行(中国)有限公司、星展银行(中国)股份有限公司；1家金融租赁公司:交银金融租赁有限责任公司。

89. 上海自贸试验区自成立以来引进企业与金融机构的情况如何?

截至2014年3月底,上海自贸试验区在半年内累计新设企业7 772家,其中贸易类占59.7%,服务类占31%。注册资本在10亿元人民币及以上的企业有22家;世界500强企业有23家,投资25个项目。

在新设的7 772家企业中,内资企业为7 111家,占新设企业的91.50%,平均每家注册资本为2 116万元;外资企业为661家(其中,93.6%的企业在负面清单以外采用备案制),占新设企业的8.50%,外资企业累计注册资本为33亿美元,平均每家504万美元。其中,2014年一季度新设立外资企业433家,相较于2013年四季度几乎翻番。

同期,上海自贸试验区累计新增持牌金融机构52家,类金融机构163家,金融信息服务公司178家。重点发展的融资租赁产业,挂牌半年内设立157家。此外,还有近1 000家投资和资产管理公司。

90. 上海自贸试验区与证券业相关的金融开放创新措施有哪些?

从上海自贸试验区《总体方案》来看,与证券业相关的内容主要有:“允许金融市场在试验区内建立面向国际的交易平台”、“鼓励金融市场产品创新”、“支持股权托管交易机构在试验区内建立综合金融服务平台”等三条。

证监会发布的支持试验区建设的举措中，同意上海期货交易所在自贸试验区内筹建上海国际能源交易中心，具体承担推进国际原油期货平台筹建工作，并依托这一平台，全面引入境外投资者参与境内期货交易，扩大中国期货市场开放程度。

目前，中国是世界上最重要的石油消费国和进口国之一，但中国却一直没有石油定价权，并为此付出了巨大的成本。虽然在自贸试验区原油期货平台和原油期货品种的推出不一定会在短期内改变国际油价定价权的大格局，但势必会增加反映中国原油市场供需情况的声音，有利于提高中国在国际石油定价方面的话语权。同时，随着原油期货市场的建立，长期以来困扰国内石油业发展的垄断问题或将得到一定程度上的缓解。此外，能源交易中心如果成功，还会推动上海成为亚洲地区新的石油交易中心。此前新加坡通过自己成熟的原油场外交易系统，一直牢牢占据着这个地位。

除了上海黄金交易所以外，上海证券交易所拟将在自贸试验区内设立国际金融资产交易平台。目前包括中国金融期货交易所、上海清算所、上海股权托管交易中心等在内的金融要素市场也都在积极研究在自贸试验区内筹建各自的国际性金融服务平台。上述拟建的多个国际性金融交易平台主要是面向自贸试验区内及境外的投资者的国际性交易平台，至于境内区外的投资者是否能参与这一平台的交易，要看自贸试验区与境内区外的金融渗透政策的力度，而可能会率先允许私募基金投资自贸试验区的交易平台。境内区外的个人可以通过私募基金投资此类平台。

“央行 30 条”还允许区内金融机构和企业按规定进入上海地区的证券和期货交易场所进行投资和交易。具体而言，区内企业的境外母公司可按国家有关法规在境内资本市场发行人民币债券，但不涉及股权融资。自贸试验区内的人民币被视为跨境资金，因而投资规模可能会受到额度的限制。此前，境外资金借助 QFII、RQFII(人民币合格境外投资者)渠道投资境内证券市场，这一中介作用将会大幅下降。此外，经批准，试验区机构可通过分账核算单元在一定额度内进入境内银行间市场开展拆借或回购交易。

91. 上海自贸试验区内的哪些金融机构可从事离岸业务?

所谓离岸业务，或者称离岸金融业务，是指金融机构虽设在某国境内但可不受该国金融法规管制，为非居民从事资金融通业务。“非居民”是指在中国境外的自然人、法人(包括在境外注册的中国境外企业)、政府机构、国际组织及其他经济组织，以及中资金融机构的海外分支机构，但不包括境内机构的境外代表机构和办事机构。

经营离岸业务的市场简称“离岸市场”。由于离岸市场采取与所在国金融市场隔离的形态，因而使得非居民在筹集资金和运用资金方面不受所在国税收和外汇管制及其他国内金融法规的影响，可进行自由交易。

不过，上海自贸试验区并不是要建成境内的离岸金融市场。因为上海自贸试验区金融创新政策的服务对象不只是非居民，也包括居民。其金融改革的核心思想是用本币去服务居民和非居民，为实体经济发展提供更高效、便捷的金融服务。这也是为何在央行出台的“央行 30 条”中未出现“离岸”的概念。

我国开展离岸金融业务始于 1989 年 5 月。当时招商银行被最先获准在深圳开办离岸金融业务，其后深圳发展银行、广东发展银行及其深圳分行、中国工商银行和中国农业银行深圳分行相继获得离岸业务牌照，后因 1997—1998 年遭遇亚洲金融危机被监管部门全部叫停。直到 2002 年 6

月，中国人民银行总行发文批准招商银行和深圳发展银行全面恢复离岸业务，同时允许总行设在上海的交通银行和上海浦东发展银行开办离岸业务，离岸金融市场在上海起步。2006 年 9 月，我国又推出新的举措，允许天津市滨海新区的金融机构开展离岸金融业务。

离岸金融业务快速发展的主要原因在于：一是便于企业开展跨国经营；二是能够规避外汇管制，便于企业开展资本运作；三是从事离岸业务的银行不必持有准备金，其经营成本相对较低；四是离岸金融往往可享受税收上的优惠；五是促进银行以避险为目的的金融创新活动；六是可以利用离岸资金解决企业“走出去”资金不足的问题，等等。

开展离岸金融业务同样可能会带来诸多风险。一是可能会引发对外债规模的失控。离岸金融市场的存在虽然便利商业银行从该市场筹资向境内企业放贷，扩大所在国的外债规模，但外债规模过大意味着外汇风险敞口也大，当外债规模处于严重失控状态时，极有可能会引发债务危机。二是可能对所在国的货币供给产生负面影响。由于商业银行从离岸市场筹资向国内企业放贷的外币资金转换成本币而扩大了所在国基础货币的投放，从而削弱了所在国货币调控的效果而引发本币贬值。三是可能对国内金融市场产生较大的冲击。在经济前景向好时通过离岸金融市场流入的大量短期资本涌入证券市场、房地产市场形成泡沫，然后在经济波动时资本大量出逃，造成所在国金融市场的剧烈震荡。

为此，依据上海自贸试验区《总体方案》，在完善相关管理办法，加强有效监管的前提下，允许试验区内符合条件的中资银行开办离岸业务。不过，鉴于从事离岸业务将可能带来上述的金融风险，因而，至少需要满足经营状况好、风险管理能力强等基本条件以及建立符合离岸业务发展状况及与其风险特征相适应的风险管理的制度、流程和系统。

92. 保险机构在上海自贸试验区内能够有哪些新的作为?

保监会出台了八条支持上海自贸试验区建设的政策措施。第一,支持在自贸试验区试点设立外资专业健康保险机构。允许高端商业健康险在自贸试验区先行先试,融入全球健康保险和服务体系。第二,支持保险公司在自贸试验区内设立分支机构,开展人民币跨境再保险业务,支持上海研究探索巨灾保险机制。第三,支持自贸试验区的保险机构开展境外投资试点,积极研究在自贸试验区试点扩大保险机构境外投资范围和比例。这将有利于保险资产管理机构设立专业化境外投资平台。第四,支持专业性保险中介机构在自贸试验区内开展相关业务。保险中介等服务机构的专业化能够为保险市场的繁荣发展提供配套服务,并为将来发展离岸保险业务提供基础条件。第五,支持上海自贸试验区开展航运保险。这为我国航运保险发展带来了难得机遇,有助于我国航运保险业与国际接轨,提供更加优质的理赔、担保服务。第六,支持创新保险产品,不断拓展责任保险服务领域。这有助于推动自贸试验区内开展相关的码头责任保险、出口产品责任保险、物流责任保险、油污责任保险、无船承运人责任保险等责任保险服务创新业务。第七,支持完善保险市场体系,推动航运保险定价中心、再保险中心和保险资金运用中心等的功能性保险机构建设。这有助于促进功能型保险机构在上海自贸试验区内集聚,推动了上海国际金融中心建设。第八,支持建立自贸试验区金融改革创新与上海国际金融中心建设的联动机制。

不过,试验区内试点设立外资专业健康险并非是保险业的最大商机,航运保险、责任保险等领域的创新试点也已在保监会公布的政策措施中被重点提及。此外,保监会的政策还支持试验区内设立的保险分支机构开展人民币跨境再保险及境外投资业务。

93. 上海自贸试验区对金融行业有无市场和业务准入限制？

试验区对民间资本进入金融行业不存在明确的市场准入限制。依据上海市政府颁布的试验区《管理办法》，只要经国家金融管理部门批准，可以允许不同层级、不同功能、不同类型的金融机构进入试验区。而且在银监会出台的政策措施中，还明确提出支持符合条件的民营资本在试验区内设立金融租赁公司和消费金融公司等金融机构。可见，未来在试验区内可提供各种类型的金融服务。

为何要试行放开金融业的市场准入限制？其主要原因在于：一方面，通过允许民间资本进入金融行业，打破长期以来金融资源垄断的格局，同时依靠市场竞争机制，提升金融业的资源配置效率；另一方面，通过鼓励民间资本参与金融创新，增强金融业的服务功能。

此外，鉴于国内金融机构种类仍然过于单一，大小商业银行占了绝对比重，非银行机构尤其是资产管理公司、货币经纪公司、融资租赁公司、金融财务公司以及法律、咨询、会计、信息服务等专业的中介服务机构很不发达，这种状况不利于上海国际金融中心建设。对于国际金融中心来说，单单有银行和市场是远远不够的。国际金融中心功能的发挥离不开相关金融产业链上的其他金融中介机构以及为金融市场提供支持的服务机构。这也是为何上海自贸区积极培育各类非银行的市场参与主体，吸引各类金融中介机构集聚的重要原因。

不过，对于外资进入金融行业仍存在部分的市场和业务准入限制。根据 2013 年版的负面清单，在银行业领域，限制外资投资银行、财务公司、信托公司、货币经纪公司;在保险业领域,限制外资投资保险公司、保险中介机构、保险资产管理公司,寿险公司的外资比例不得超过50%;在证券业领域,证券公司的外资比例不得超过49%,初设时范围仅限于股票和债券承销与保荐等,经营两年以上符合条件方可申请扩大业务范围。而证券投资咨询公司、期货公司仅限港澳地区资金投资,且参股比例不得超过49%。

94. 民营企业可以在上海自贸试验区开办银行吗?

从上海自贸试验区《总体方案》及银监会的相关政策措施来看,国家支持符合条件的民营资本在试验区内设立自担风险的民营银行。

2014年3月11日,银监会公布了首批民营银行试点名单。天津市、上海市、浙江省和广东省四个地区10家民企将试点首批5家民营银行,正式宣告我国民营银行改革进入实质破冰阶段。民间银行试点采取共同发起人制度,每个试点银行至少有2个发起人。这就需要首批公布的10家民企进行自愿的"两两配对"合作,共同组建民营银行。

此次民营银行将试点四种经营模式,分别是:"小存小贷"、"大存小贷"、"公存公贷"和"特定区域存贷款"。从此次试点发起人的所在地域来看,仅有均瑶、复星为上海民营企业。因而,均瑶与复星拟合资筹办的民营银行将会落户上海自贸区。其经营模式设定为限定业务和区域范围的"特定区域存贷款"。对于经营的理念,复星集团董事长郭广昌表示,希望新诞生的民营银行能顺应趋势,融入互联网基因。

此前,民间资本设立民营银行虽然一直有诸多鼓励政策的支持,民间资本进入金融业的"玻璃门"、"弹簧门"的障碍始终没有被打破。

引导民间资本进入银行业的主要目的是要消除我国现行金融体制下

所形成的单一的融资供给主体与多元化的中小企业经济主体之间的不匹配结构缺陷，缓解小微企业融资难问题。同时，民营银行的设立，打破了国有银行的垄断格局，促进了行业竞争，倒逼银行提高经营效率。此次自贸区内首家民营银行的设立，还将打破此前中资行与外资行两阵营对垒的情况，由此形成国营、民营、外资银行三足鼎立的态势。

95. 上海自贸试验区内民营银行能否经营所有商业银行业务？

在上海自贸试验区《总体方案》里，明确提出在条件具备时，适时在试验区内试点设立有限牌照银行。“有限牌照银行”制度在中国香港、英国等国家或地区已经成熟，通常，商业银行可分为可以吸收存款的全牌照银行以及不可吸收存款的有限牌照银行。不同种类的银行机构的业务范围不同，监管要求也不同。这一点可以从银监会出台的政策措施中特别强调民营银行的“风险自担”中可以清晰折射出来。“设立风险自担的民营银行”的本意就在于未来民营银行的一些标准会与现有的商业银行有所不同。比如，在能否吸收存款以及存款吸收的比例、股东承担的义务等方面都可能不一样。因此，获得银行牌照，也不意味着民营银行就具有开展所有银行业务的资格。

民资设立银行，市场不乏担心，警惕自融等关联交易问题或将成为民营银行最大的风险之一。这是因为，民营资本办银行常常有一个误解，觉得办银行和自己办的一般企业一样，自己说了算，可以方便融资。但在任何国家银行都是特许经营，要有严格的资质审查和监管。虽然股权完全是私人的，但是经营活动是外溢的，具有公共性。要保障公共利益，就要有法律、有机构来实施监管和保障措施。

不仅如此，由于民营银行存在信用劣势，可能难以吸收公众存款。要解决这个问题，就要在推进民间信用体系建立的同时，建立风险自担机制和存款保险制度，使存款人利益受到保护，提高公众对民营银行的信心。而且还需要建立包括危机救助、市场退出和机构清算在内的一整套机制与程序。

此外，一旦上海自贸区实现了利率市场化以后，对稚嫩的民营银行来说将面临严峻的挑战。大中型银行稍微抬高存款利率，便会如吸金石一样吸进大量资本，而品牌、资源及风险控制均处于弱势的民营银行就只能借助高利率招揽客户，高利率揽客只能投资高收益产品，从而进入高风险的魔咒之中。

96. 上海自贸试验区内金融机构是否可从事境外投融资业务？具体包含哪些金融服务？

上海自贸试验区内金融机构可从境外借用人民币资金，但借用的人民币资金不得用于投资有价证券、衍生品，不得用于委托贷款。这是为了防止通过低利率境外人民币融资从事境内的高利贷业务，实现套利。其他的资金用途并未明确规定境外融资仅限自贸试验区内或境外使用。

目前，上海市的多家金融机构已为自贸试验区内注册的企业办理了从境外借入人民币资金业务，从而降低了企业的融资成本。以交通银行为例，该行为上海外高桥(集团)有限公司从交行境外分行借入一年期人民币1亿元，用于外高桥集团区内生产经营活动，还为上海东方网电子商务有限公司以境外直贷模式借入一年期人民币1亿元。此外，交银租赁子公司则与交行新加坡分行完成非银行金融机构跨境人民币境外借款签约，由新加坡分行提供总计 7 亿元的跨境人民币境外借款。

自贸试验区内的金融机构为企业提供境外融资的业务流程大致为：首先，按企业需求展开方案设计、确认境外人民币借款金额、落实授信方式、联系境外银行放款并协助沟通签约事宜；然后，为企业开立人民币境外借款专用账户、办理人民币境外借款资金解付入账、完成跨境人民币信息报送和国际收支申报；最后，提示企业办理外汇管理局跨境人民币外债签约情况登记和提款资金流入情况登记，以及办理借入资金境内支付使用手续。

另一方面，支持试验区内银行业金融机构推进跨境投资金融服务，包括但不限于跨境并购贷款和项目贷款、内保外贷（境内担保境外贷款）、跨境资产管理和财富管理业务、房地产信托投资基金等。总之，试验区内只要符合条件的银行业金融机构一旦设立是可以开展跨境投融资服务业务的。

97. 在上海本地已注册金融企业可否直接入驻上海自贸试验区？非金融企业可否从事境外投资业务？

依据上海市政府颁布的自贸试验区《管理办法》，试验区以外注册的本市金融企业，如果想迁移至试验区内，需要按照试验区的政策登记，缴回原营业执照，核发新版营业执照。除试验区《总体方案》中规定必须在区内经营、提供服务的领域外，试验区内的企业可以根据相关法律法规到区外再投资或开展业务。

试验区对境外直接投资，已经取消了事前的核准制度改为备案制，可按规定直接向银行办理所涉及的跨境收付、兑换业务。因而促进了区内企业跨境直接投资的便利化。此前，跨境直接投资一般要获得发改委、商务部门核准，才能拿着核准文件去银行办理跨境收付、兑换业务。

98. 上海自贸试验区在金融制度创新方面有哪些新举措?

“央行30条”中的第二条,明确提出“坚持改革创新、先行先试,着力推进人民币跨境使用、人民币资本项目可兑换、利率市场化和外汇管理等领域改革试点”。这也是《总体方案》中金融创新领域的四点核心任务。这四个方面都反映了金融为实体经济提供综合服务的总体需求。其中,人民币资本项目可兑换着力解决资金的自由流动问题,利率市场化解决的是资金的合理定价问题,而人民币的跨境使用与外汇管理体制改革是为了促进企业的对外贸易与投资的便利化。

目前,在制度层面已基本形成了自贸试验区金融开放创新的制度框架体系,有关政策细则也已陆续出台。例如,中国人民银行已出台了开展跨境人民币支付业务、扩大人民币跨境使用、小额外币存款利率上限放开、深化外汇管理改革、反洗钱及反恐怖融资等多项自贸试验区政策实施细则;银监会也已正式发文,允许获得离岸业务资格的四家中资商业银行授权自贸试验区内的分行开办离岸业务等。

99. 为何要实行利率市场化?自贸区在推进利率市场化方面有何新举措?

利率作为资本的价格决定了国内外资金的流向,市场化的利率是实现金融资源有效配置的前提条件。利率市场化是指由政府直接管制利率到由市场决定利率的过程。目前,我国境内除存款利率受到部分管制以外,包括贷款利率在内的所有金融资产价格都已依据风险与收益相匹配的一般原则自主定价，并且依据市场供需状况变化自由浮动。尽管存款利率的上限依然受到政府管制，但其上浮的空间也在逐渐扩大，将由10%提升至20%。实施利率市场化的一个重要原因在于自贸试验区本身是一个高度开放的区域，参与的机构有中资和外资，试验区最主要的功能就是为了更好地与国际市场接轨，如果利率不能完全自由浮动，可能会带来诸如套利交易等投机活动。

此外，人民币金融产品创新也需要依赖高度市场化的利率形成机制，否则对相关金融产品就无法进行准确的风险评估与定价；而且，在缺乏市场化的利率形成机制下人民币产品也很难得到广大投资者的认同，从而抑制了对人民币产品的需求。为此，在加快金融创新的同时，还需要加快推进利率的市场化机制改革进程。

从2014年3月起，中国人民银行放开了自贸试验区内300万美元以下的小额外币存款利率上限，自贸试验区率先实现了外币存款利率完全市场化。放开外币小额存款利率上限后，未来在自贸试验区存美元，利息可能会更高，从而有助于区内企业、个人考虑把多余的美元都存在自贸区。3月1日，中国银行为在自贸试验区内就业的人员办理了首笔个人小额外币存款业务，客户获得了一张“议息”存单。目前已有多家银行开展了此项业务。300万美元以上的大额外币存款利率，金融机构可与客户自行协商确定。

100. 利率市场化将给投资者与银行带来怎样的影响？为何要逐步推进这项改革？

鉴于针对上海自贸试验区的金融制度改革的实施细则尚未出台，试验区内何时才能完全实现利率市场化尚不明朗。一旦区内实现了利率市场化以后，试验区内外的存款市场竞争就会加剧，居民可以选择试验区内存款利率较高的银行进行储蓄。届时，借助发达的电子金融技术，全国的存款很可能都会被吸引到上海自贸试验区，由此形成区外管制“低利率”与区内市场化“高利率”的利率“双轨制”。

这可能会使得区外的中小型商业银行面临较为严重的流动性短缺的困境。而一旦某些中小商业银行出现流动性危机时，在目前存款保险机制缺失的情况下，居民的存款收益就将遭受损失，甚至出现“打水漂”的情况。

另一方面，试验区内贷款利率市场化将有助于打破信贷资源的价格垄断，降低企业的融资成本，因而国家将率先在区内实现金融机构资产方价格实行市场化定价。下表简单对比了试验区实现利率市场化以后对区内区外不同类型投资者可能带来的影响。

	试验区内	试验区外
企业	融资成本低	融资成本高
居民	存款利息高	存款利息低

此外，从商业银行视角看，利率市场化给商业银行带来全方位的机遇与挑战。一方面，利率市场化的推进则使银行可根据自身资产负债情况，自主决定利率的水平，这有助于商业银行提高自主经营水平和自我发展能力。一是有利于商业银行扩大自主经营；二是有利于商业银行加快金融创新；三是有利于形成异质化竞争格局。另一方面，利率市场化将导致商业银行利差缩小，传统业务收入减少，使商业银行之间的竞争更加激烈，也可能增加商业银行的利率风险和信用风险。从短期看，利率市场化带给商业银行的压力在于：一是经营成本明显上升；二是同业竞争更加激烈。从长期看，利率市场化对商业银行的挑战表现为：一是盈利空间受到压制；二是

经营风险可能增大。

为此，政府强调审慎推进利率市场化改革。在风险可控的原则下，利率市场化采取“先外币后本币、先长期后短期、先大额后小额”的渐进式改革。存款利率市场化方面，人民币大额可转让存单业务已经率先在银行间市场放开，然后将会逐步扩展到企业，最终到个人。

101. 人民币资本项目可兑换对投资者带来哪些益处？个人可否从事境外证券投资？

人民币资本项目可兑换意味着国家取消对一切外汇收支的管制，实现了资本账户的对外开放。这也就意味着上海自贸试验区实现人民币资本项目可兑换后，区内注册企业可自由地将人民币兑换成外币在境内外持有使用，满足投资等各种需求。依据试验区《总体方案》，未来企业法人可在区内完成人民币自由兑换。这样，企业将能够直接以投资为目的自由兑换外汇，与之前从事境外投资所需的外汇额度则需要经外汇管理局审批相比，极大地方便了资本跨境投资业务，从而促进中资企业“走出去”。

此外，资本账户对外开放还有利于改善被扭曲的中国金融市场现状，丰富投资者的投资渠道。资本管制行为本质上就是政府干预市场，即一种变相扭曲市场的金融保护主义，容易降低金融市场竞争程度。若实施资本账户的对外开放，由于国内的金融机构要应对外来资本的冲击，更有动力和迫切性去加快金融创新，完善金融市场，从而能降低资金成本，提高资金的使用效率。

依据“央行 30 条”，在区内就业并符合条件的居民可按规定开展包括证券投资在内的各类境外投资。此前,个人境外证券投资是通过QDII渠道,自贸试验区的这一便利化措施弱化了QDII的中介功能。另一方面,在区内就业并符合条件的境外个人可按规定在区内金融机构开立非居民个人境内投资专户,按规定开展包括证券投资在内的各类境内投资。

此外,区内个体工商户可根据业务需要向其在境外经营主体提供跨境贷款。这就意味着在自贸试验区内工作的个人,可以将完税之后的区内合法所得随便换汇出去,不再受以前个人换汇5万美元额度的限制。

102. 为何《总体方案》中提出要在风险可控前提下实行人民币资本项目可兑换?

在上海自贸试验区实行人民币资本项目可兑换,意味着境外资金可以自由进出试验区。由于境外资金成本要低于境内,导致试验区内银行的贷款利率,会低于境内其他区域。区内外的利率差异,容易产生金融套利行为,继而会使得试验区成为境外热钱进入境内区外的跳板。与实物交易可以方便地进行区域隔离不同,资金流通是很难做到区内区外完全隔绝。倘若境内金融市场的发育成熟进程无法跟上资本项目开放步伐,即在金融创新产品少、可供投资的选择少,而市场波动大的背景下,放宽资本管制极有可能出现资本的大进大出,对国内正常的金融秩序造成巨大冲击。

鉴于资本项目开放面临的主要金融风险有:货币政策有效性下降引发的风险、实际汇率升值引发的风险、金融体系脆弱性引发的风险以及资本外逃引发的风险。所以,《总体方案》中提出要在风险可控前提下逐步推进人民币资本项目可兑换。从央行来说,很希望推动境内的资本进一步向境外流出。但目前跨境资本仍基本以流入为主，时而又会出现跨境资本的突然大规模逆向流出，这都会给境内的货币政策、汇率以及金融体系的稳定形成较大的压力。

103. 怎样理解“风险可控”的内在含义？如何防范区内区外金融风险的传递？

按照上海自贸试验区《总体方案》设想，对试验区金融制度改革创新内容将采取成熟一项、推动一项，稳步有序地实施试点，最大限度地确保国内金融体系的稳定安全。上海自贸试验区跨境资金流动的金融风险防范遵循“分账管理、离岸自由、双向互通、有限渗透”的基本原则。通过设立“自贸试验区分账核算单元”的管理方式分设账户，把试验区的账户和一般的传统结算账户进行区分，从而将区内资金和境内区外资金相隔离，达到区内资金的跨境双向流动放宽，但资金跨区流动仍存在管制的目的。具体而言，试验区内居民可以通过设立本外币自由贸易账户实现分账核算管理，按规定开展投融资创新业务；非居民可以在试验区内银行开立本外币非居民自由贸易账户，按准入前国民待遇原则享受相关金融服务。

按照“央行 30 条”意见规定，自贸区内的个人或企业开设的账户可以同试验区内其他个人或企业开设的账户、境外个人或企业在自贸区开设的账户和在境内区外开设的账户之间实现资金自由流动；同一非金融机构主体在试验区开设的账户到试验区外从事贸易结算、债务偿还以及实业投资也可办理资金划转。除此之外，试验区内外视同境内外管理，资金流动视同跨境业务管理，仍受到限制。但这也不意味不能流动，而是可以流动，关键在于要有管理地流动，这为未来留下了很大的政策的空间。

虽然,“央行30条”强调待条件成熟时,自贸试验区账户内本外币资金方可允许自由兑换,但自贸试验区企业可以利用自由贸易账户将人民币资金调度到境外,并在新加坡、中国香港等地兑换外汇,然后再将外汇调回试验区。外汇兑换人民币,也可以同样操作。这事实上迂回实现了人民币的可自由兑换。

104. 境外资金能否通过上海自贸试验区转入境内区外进行投资?

依据上海自贸试验区《总体方案》中的“一线彻底放开,二线高效管住”的原则,现阶段区内的资金能够自由流出境外,且境外资金也能自由流入试验区。但是,试验区内资金流入境内区外地域将会受到控制。换而言之,从资金流动的自由度看,试验区资金到境外流动的自由度,大于试验区到境内区外流动的自由度。从资金用途看,若是用于真实贸易支付,境外资金或许被允许进入境内区外,但若是想通过资本项下的资金转移来赚取差价或投资盈利将受到严格管制。

这是因为鼓励境内人民币资金“走出去”,既迎合我国的人民币国际化战略需要,又能减轻巨额外汇储备的压力。目前,人民币主要通过进口贸易结算流出境外,再通过境外人民币投资境内债券市场流入境内,所形成的人民币循环机制,不但无法缓解外汇储备压力,相反可能还会增加外汇资产。为此,上海自贸区鼓励人民币通过海外投资方式流出境外,再可通过出口贸易的人民币结算流入境内,改变以往的人民币循环机制,从而有助于缓解外汇储备增加带来的国内货币供给过剩的现象,可谓“一举两得”。

105. 目前的外汇管理制度是怎样的？

近年来，我国外汇管理重点领域改革明显加快，2012 年 8 月，货物贸易外汇管理改革在全国实施，此后，外商直接投资、外债管理等一系列资本项目改革政策也相继出台。2013 年 9 月，服务贸易外汇管理改革也在全国正式推行。所有这些改革的目的是为了简政放权，减少环节，降低成本，提升效率，促进投资和贸易的便利化。

自外管局在全国范围内实施服务贸易外汇管理改革以来，境内企业和个人办理服务贸易外汇业务的便利度得到显著提高，具体表现为：一是取消了服务贸易购付汇核准，所有服务贸易购付汇业务均可在金融机构直接办理；二是金融机构对单笔等值 5 万美元以下的服务贸易收付汇业务原则上可不审核交易单证；三是对个人结汇和购汇均实行等值 5 万美元年度总额管理，个人可凭身份证件直接办理年度总额以内的结购汇业务。

106. 上海自贸试验区外汇管理改革的变化在哪里？

此次自贸试验区外汇管理改革旨在转变跨境资本流动管理方式，通过减少外汇管理中的行政审批，从重行政审批转变为重监测分析，从重微观管制转变为重宏观审慎管理，从正面清单转变为负面清单，便利企业"走出去"。同时，通过采用海量数据的跟踪、现场的检查，加强"事中事后"监管的管理模式，达到便利企业和防范风险的有机结合。外汇管理改革的实施给区内注册的企业提供了下述便利：

一是经常项目业务流程将大幅简化。简化区内主体与境外之间经常项目交易的单证,支持企业集团经常项目集中收付汇与轧差净额结算。

二是资本项目外汇管理进一步便利化。简化直接投资外汇登记手续,实行外资企业外汇资本金意愿结汇,赋予企业结汇选择权,规避汇率风险。便利跨境融资,取消部分债权债务行政审批手续。

三是支持总部经济和新型贸易业态发展。扩大跨国公司总部外汇资金集中运营管理试点企业范围,允许跨国公司以外币资金池、内部结售汇等方式开展外汇资金集中管理,放宽企业境外运用限制,便利企业外汇资金使用。这样做使得区内的跨国企业可以打通境内外资金池,从而有利于更多跨国公司或在试验区设立亚太资金总部。上海此前本身就已是外汇资金池的试点城市,但需要同时设立两个账户,即境内总账户与国际总账户,在监管部门给予的额度范围内,实现企业内部资金的跨境放款与自由流动。而且两个账户的资金运转有时差,效率仍有损失。而如今在试验区内,跨国企业可以将这两个账户进行融合,在一个账户内完成企业内部跨境放款与资金流动,这不仅极大促进了企业贸易投资便利化,而且也从制度上突现了吸引跨国公司建立国际贸易结算中心的作用。

四是促进融资租赁业务发展。融资租赁外汇管理的便利化政策措施主要表现为:其一,取消了区内融资租赁公司办理融资租赁对外债权业务的逐笔审批,实行登记管理。融资租赁类公司可直接到所在地银行开立境外放款专用账户,用于保留对外融资租赁租金收入,账户内外汇收入结汇可直接向银行申请办理。其二,融资租赁类公司开展对外融资租赁业务,不受现行境内企业境外放款额度限制。其三,经批准,允许非金融类融资租赁公司境内收取外币租金,解决货币错配问题。其四,简化了飞机、船舶等大型融资租赁项目预付货款手续。

107. 人民币的跨境使用将会有怎样的变化？

从2009年7月起，我国以货物贸易为起点，开展了跨境交易人民币结算业务试点。近5年来，随着跨境人民币业务的不断发展，人民银行陆续出台了相关配套政策。可以说围绕跨境人民币结算的整体政策框架已基本建成。这次针对自贸试验区出台的扩大人民币跨境使用政策是在整体政策框架基本到位的情况下做了进一步优化和深化的安排，是针对国家在自贸试验区内推出的贸易投资管理体制改革所作的配套政策安排，主要目的是让实体经济和个人在使用人民币、开展涉外经济活动时更便利，在参与国际竞争时可以更好地利用境内外两个市场的资源。

以往，跨境人民币资金往来，需要先递交贸易投资合同、海关单据、完税凭证、资金核销单等证件资料，但央行现在要求上海地区银行金融机构在“了解你的客户”、“了解你的业务”和“尽职调查”的基础上，仅需自贸区内企业机构与个人提交的收付款指令，银行就能直接办理经常项下、直接投资的跨境人民币结算业务，但排除了资本项下(一般是指金融投资)，充分体现自贸试验区服务实体经济的基本原则。

随着企业跨国经营行为的开展，境内外同属一个股权关系的集团内部资金往来成为必然。为此，“央行30条”提出了允许同属一个集团内的境内外母子公司、分、子公司之间依托自贸试验区的金融服务建立跨境人民币资金池，开展集团内双向人民币资金池业务，为其境内外关联企业提供经常项下集中收付款业务。这项政策原本仅适用于昆山贸易区，2013年江苏昆山获准实施开展人民币双向借贷业务，主要针对台资，现在得以在区内推广，十分有利于国内跨国公司开展集团内资金自由运营活动。对于我国“走出去”的企业来说，开展集团内部跨境人民币双向资金池管理业务，可以使他们更为便利地运用境内母公司的资金实力支持境外投资企业的经营，避免新设的境外企业在当地融资难的困境；同时全球各地分、子机构在经营中出现临时性富裕资金时能够归集到集团总部进行管理也可以大大提高集团资金的规模效应，增强企业的财务运筹能力和资金使用效率。目前，花旗、汇丰等金融机构已为区内跨国公司办理经常项下跨境人民币集中收付业务。

此外，跨境电子商务所产生的结算需求属于经常项下结算。“央行30条”明确支持银行向注册在区内的跨境电子商务运营机构直接提供基于真实跨境电子商务的跨境人民币结算服务，目的是顺应试验区内大力推动跨境电子商务的目标。支付机构向跨境电子商务提供跨境人民币支付服务是这次的一项新举措，以前只有部分列入国家电子商务试点城市的部分支付机构提供外汇跨境支付。这项试点业务将有利于扩大人民币跨境使用，推动境内中小企业借电商平台以人民币计价销售境内产品和服务，避免汇率风险。目前已有17家第三方支付机构获得跨境支付业务试点，其中上海有8家第三方支付机构已拿到这项试点。其中，银联电子支付、快钱等第三方支付机构已经与银行合作开展了跨境电子商务人民币支付结算业务。

完善法制

108. 三大外资法将在上海自贸试验区内暂停适用指什么?

十二届全国人大常委会第四次会议于2013年8月30日作出决定,授权国务院在中国(上海)自由贸易试验区内,对国家规定实施准入特别管理措施之外的外商投资,暂时调整《外资企业法》、《中外合资经营企业法》和《中外合作经营企业法》(俗称"外资三法")规定的有关行政审批。决定自2013年10月1日起实行,执行期为三年。

109. 为什么在上海自贸试验区暂停适用三大外资法?

这一决定是为了配合在试验区试行的外资领域的负面清单管理模式。目前的三部外资法都规定的是审批制,这与负面清单管理的备案制不一致。三大外资法有关审批要求的条款如下表所示:

相关事项	三大外资法 相关条款及要求	在试验区的 调整适用
外资企业设立	《外资企业法》第6条:行政审批	全部改为备案
外资企业分立、合并或者其他重要事项变更	《外资企业法》第10条:行政审批	
外资企业经营期限	《外资企业法》第20条:行政审批	
中外合资经营企业设立	《中外合资经营企业法》第3条:行政审批	
中外合资经营企业延长经营期限	《中外合资经营企业法》第13条:行政审批	

续 表

相关事项	三大外资法相关条款及要求	在试验区的调整适用
中外合资经营企业解散	《中外合资经营企业法》第14条:行政审批	全部改为备案
中外合作经营企业设立	《中外合作经营企业法》第5条:行政审批	
中外合作经营企业协议、合同、章程重大变更审批	《中外合作经营企业法》第7条:行政审批	
中外合作经营企业转让合作企业合同权利、义务审批	《中外合作经营企业法》第10条:行政审批	
中外合作经营企业委托他人经营管理审批	《中外合作经营企业法》第12条第2款:行政审批	
中外合作经营企业延长合作期限审	《中外合作经营企业法》第24条:行政审批	

110. 三大外资法在上海自贸试验区暂停适用的执行期为三年,意味着什么?

执行期为三年,意味着在这三年内,将由国务院联合上海市地方政府及时对试行情况进行评估,实践证明可行的,及时提出修改完善有关法律规定的建议;实践证明不宜停止实施的,及时提出恢复施行有关法律规定的建议。商务部今后将对这种管理模式的实际运行效果进行评估,为下一步修订"外资三法",以及建立既符合国际通行做法,又适应我国国情的外资准入和监管体系,探索路径、积累经验。

III. 上海自贸试验区撤销审批制、资本实缴等要求后，如何进行对外资的风险管控？

为加强风险管控，国务院有关部门和上海市等有关地方人民政府除及时制定和调整负面清单、完善国家安全审查制度外，还将通过反垄断审查、金融审慎监管、城市布局规划、环境和生态保护要求、劳动者权益保护、技术法规和标准等手段，构建风险防御体系。

负面清单可以根据实际情况加以修改和调整，阶段性推进开放。对于根据经济发展实际情况可以开放的部门则可以逐步开放。对于仍然不适合开放或比较敏感的部门可以继续保留外资比例上限限制。但是原则上，负面清单的修订一般趋于放宽准入。

依据《中国（上海）自由贸易试验区外商投资企业备案管理办法》第 10 条规定，外商投资企业备案实行告知承诺制。外国投资者或外商投资企业不得损害中国国家主权或社会公共利益、危害中国国家安全、损害环境，或存在其他违反中国法律、法规的情形。涉及国家安全审查和反垄断审查的，按照国家有关规定办理。

这意味着，属于国家安全审查范围和达到反垄断并购审查申报标准的外资项目，仍需按照《国务院办公厅关于建立外国投资者并购境内企业安全审查制度的通知》与《反垄断法》提交申报和接受审查。

除此之外，在登记备案后，新成立或登记的外资必须遵守不同政府部门的监管要求，这被称为“登记后要求”。这些“登记后要求”包括税务登记、金融审慎监管、城市布局规划、环境和生态保护要求、劳动者权益保护、技术法规和标准等相关等要求。

试验区在未来也将切实强化信用监管，加强市场主体的信息公开。

投资者(或外商投资企业)应按照告知承诺,如实提供备案信息,备案信息应与向注册登记机关提供的信息相一致。商务部将通过信息手段实时掌握备案情况,在监管过程中,如果发现问题将及时启动国家安全审查、反垄断审查等机制,会同有关部门完善外商投资国家安全审查制度。

112. 上海地方法规如何为上海自贸试验区先行先试让路?

上海市第十四届人大常委会第八次会议2013年9月26日通过《关于在中国(上海)自由贸易试验区暂时调整实施本市有关地方性法规规定的决定》(以下简称《决定》),依法推进上海自贸试验区建设。《决定》自2013年10月1日起施行。

《决定》指出,根据《全国人民代表大会常务委员会关于授权国务院在中国(上海)自由贸易试验区暂时调整有关法律规定的行政审批的决定》的规定,在上海自贸试验区内,对国家规定实施准入特别管理措施之外的外商投资,停止实施《上海市外商投资企业审批条例》。凡法律、行政法规在试验区调整实施有关内容的,上海市有关地方性法规做相应调整实施。上海市其他有关地方性法规中的规定,凡与试验区《总体方案》不一致的,调整实施。

上海市人大常委会法制工作委员会表示,做出试验区内暂时调整实施上海市有关地方性法规规定的决定,主要基于两个考虑:一是对接国家层面法制保障的举措,保持国家法制统一;二是依法推进上海自贸试验区建设方面的先行先试。

113. 上海地方法规调整的主要内容是什么?

调整实施的上海市其他有关地方性法规中的规定,包括《中华人民共和国国际海运条例》、《征信业管理条例》、《营业性演出管理条例》、《娱乐场所管理条例》、《中华人民共和国中外合作办学条例》、《外商投资电信企业管理规定》等,其中的一些涉及限制类和审批的条文都将在试验区暂停实施。

这些地方法规中,需要调整的条文一般涉及两个方面:负面清单、审批要求。通过负面清单,试验区在一些领域内相较其他区域获得进一步开放。因此,如果不属于负面清单限制或禁止的范围,即使现行地方法规有所限制或禁止的,这些地方法规中限制或禁止的相关条款在试验区不适用;同样,现行地方法规因为限制要求外商投资项目行政审批的,只要不属于负面清单限制的范围,在试验区内一律改为备案制。

114. 现行《外商投资产业指导目录》在上海自贸试验区是否适用?

《外商投资产业指导目录》是由发展改革委、商务部等国家政府部门联合制定并由国务院对外发布的指导文件。它将国内产业分为外商投资鼓励类、许可类、限制类和禁止类。现行的《外商投资产业指导目录》是在2011年修订,2012年1月1日起开始施行。

《外商投资产业指导目录》是配合三大外资法的审批制而制定的,由于三大外资法在上海自由贸易试验区暂停适用,《外商投资产业指导目录》在相应的三年期限内也不适用于试验区。试验区内另行适用上海市人民政府制定并发布的《中国(上海)自由贸易试验区外商投资准入特别管理措施

(负面清单)(2013年)》(沪府发[2013]75号)。

115. 上海自贸试验区负面清单与《外商投资产业指导目录》有什么区别?

试验区负面清单(2013年版)按照《国民经济行业分类及代码》的分类编制的。这个清单列明所有国民经济行业各个门类,大类、中类、小类中主要的外商投资准入特别管理措施,作为在上海试验区实施外商投资准入管理方式改革的主要依据之一。

《外商投资产业指导目录》与试验区负面清单的行业分类方式有很大区别,前者分类更粗,按农林牧渔制造业等,而后者已细化至小类。负面清单共涉及18个门类,89个大类,419个中类,1 069个小类,共190条管理措施。相对于1 069个产业小类来讲,大概有17.8%的产业小类有特别的管理措施。

最重要的区别是,《外商投资产业指导目录》中未规定属于允许或鼓励的,一般被认为就是需要事前审批的;而试验区负面清单没有规定限制或禁止的,就推定为只需自动备案。因此,《外商投资产业指导目录》的允许或鼓励类越长则为越开放,而试验区负面清单划定的范围越细,那么除外的区域就越大,即更开放。

之前,作为全球最大的外资吸收国,中国一直采取的是《外商投资产业指导目录》这一"正面清单"管理模式,即外资进入中国进行投资,具体能干什么要由政府说了算。并且正式投资前,还要走一系列审批核准流程,不仅费时费力,还给权力寻租提供了空间。自贸区正在探索的"负面清单"管理模式则意味着政府职能的根本转变,对于清单之外的,政府不加以项目审批。所以,负面清单与《外商投资产业指导目录》所意味的管理模式上的差异是根本性的。

116. 上海自贸试验区目前有哪些特别制定的外资法律法规？

目前，上海市政府已经制定并公布了《中国（上海）自由贸易试验区外商投资准入特别管理措施（负面清单）（2013年）》（沪府发[2013]75号）、《中国（上海）自由贸易试验区外商投资项目备案管理办法》（沪府发[2013]71号）和《中国（上海）自由贸易试验区外商投资企业备案管理办法》（沪府发[2013]73号）。

117. 上海自贸试验区的具体细则将如何制定？

目前，试验区领导小组主要负责各部委之间的协调，并不具备单独制定和出台管理办法的权力，具体管理办法由各部委出台框架性的指导意见，然后在指导范围内，各机构自行探索和制定。

上海自贸试验区《总体方案》中提出的许多探索性做法，都需要各部委在管控风险的前提下逐步落实。包括商务部、发改委、中国人民银行、银监会、证监会、保监会、海关总署、质检总局、文化部、交通部、信息产业部等在内的相关部委都在制定管理范围内进一步的实施细则。

118. 目前各机构公布了哪些配套措施？

目前已经公布的配套措施包括：文化部四条工作细则、银监会八项支持措施、证监会五项支持措施、保监会八项支持措施、工商总局九条措施、质检总局十项支持措施、交通运输部十八项措施。

相应文件分别为:《文化部关于实施中国(上海)自由贸易试验区文化市场管理政策的通知》、《中国银监会关于中国(上海)自由贸易试验区银行业监管有关问题的通知》、《证监会关于资本市场支持促进中国(上海)自由贸易试验区若干政策措施》、《保监会支持中国(上海)自由贸易试验区建设的批复》、《工商总局关于支持中国(上海)自由贸易试验区建设的若干意见》、《质检总局关于支持中国(上海)自由贸易试验区建设的意见》、《交通运输部联合上海市人民政府关于落实〈中国(上海)自由贸易试验区总体方案〉加快推进上海国际航运中心建设的实施意见》。

119. 上海自贸试验区条例的主要内容是什么?

《中国(上海)自由贸易试验区条例》(以下简称《自贸区条例》)草案已于2014年4月22日提请上海市人大常委会审议,并在公众媒体上全文公开,广泛听取社会各界的意见。

《自贸区条例》草案定位为综合性立法,以区别于管理条例,集实施性法规、自主性法规、创制性法规的性质于一身。其立法难点在于如何处理好"大胆闯、大胆试、自主改"与建设法治环境规范的自贸试验区、"重大改革于法有据"的关系,地方立法的受制性与立法引领性、前瞻性的关系,条例与国务院批准的《总体方案》等政策措施的关系。

《自贸区条例》草案分九章,共六十条,设计了涵盖投资开放、贸易便利、金融创新、税收支持、综合监管和法治环境等方面的总体制度框架,并以转变政府职能为主导,在管理体制、监管模式等方面作出规定,总体上体现了《总体方案》提出在扩大投资领域开放、推进贸易发展方式转变、深化金融领域开放创新、营造相应的监管和税收制度环境等方面先行先试的要求。

120. 上海自贸试验区管委会有哪些执法权?

按照《总体方案》,上海自贸试验区建立集中统一的市场监管综合执法体系。为此,《管理办法》明确,管委会综合执法机构行使三方面的行政处罚权:

一是集中行使城市管理领域、文化领域的行政处罚权,以及与行政处罚权有关的行政强制措施权和行政检查权。

二是集中行使原由本市规划国土、建设、住房保障房屋管理、环境保护、民防、人力资源社会保障、知识产权、食品药品监管、统计部门依据法律、法规和规章行使的行政处罚权,以及与行政处罚权有关的行政强制措施权和行政检查权。

三是行使市政府决定的其他行政处罚权。

管委会综合执法机构集中行使的具体行政处罚权,在《管理办法》的附件中做了明确说明。

121. 上海自贸试验区的司法管辖权在哪个机构?

目前,因试验区在地理上涵盖上海市外高桥保税区、外高桥保税物流园区、洋山保税港区和上海浦东机场综合保税区等 4 个海关特殊监管区域,因此按照我国《民事诉讼法》地域管辖的一般原则,试验区内案件的一审法院应当由上海市浦东新区法院行使管辖权。考虑到试验区适用的法律法规比较特殊,目前正在讨论的方案是由浦东新区政府派出专门法庭,处理涉试验区案件。

122. 涉上海自贸试验区案件包括哪些?

涉试验区案件包括:(1)当事人一方或双方的住所地、经常居住地位于上海试验区内的;(2)纠纷案件所涉标的物位于上海试验区内的;(3)产生、变更或者消灭民事关系的法律事实发生在上海试验区内的。

在自贸区内,90多项先行先试的事项中包含了一系列对外资开放的新领域、新模式、新业态,涉及投资、贸易、金融、航运等领域的方方面面。其中,仅仅投资领域服务业的扩大开放领域,就将产生以下六大类"涉自贸区仲裁案"。这六大类案件包括:金融服务类、航运服务类、商贸服务类、专业服务类、文化服务类、社会服务类。

123. 什么是商事仲裁解决方案?

上海自贸试验区《管理办法》明确,试验区内企业发生商事纠纷的,可向法院起诉,也可按照约定,申请仲裁或者商事调解。

商事仲裁,指的是平等主体的公民、法人将他们在经济贸易及海事中所发生的争议,以书面的形式,自愿交由第三者进行评断和裁决。第三者可以是常设的商事仲裁机构,也可以是临时的仲裁庭。依据《中华人民共和国仲裁法》第2条,平等主体的公民、法人和其他组织之间发生的合同纠纷和其他财产权益纠纷,可以仲裁。

与司法程序相比，商事仲裁的特点是以双方当事人的协议为基础；仲裁机构一般是民间性的组织；提交仲裁的当事人有自由选择地点、仲裁机构、仲裁员、仲裁程序和适用的实体法；仲裁裁决是终局的，一旦做出，立即生效。

选择商事仲裁须注意以下几点：(1)商事仲裁须由合同当事人在签订合同时或发性争议时协商选择适用，如无仲裁合意的，应当按司法途径。(2)当事人可以共同选择国内外商事仲裁机构或自行按程序选择仲裁员。(3)商事仲裁适用一裁终审，并排除司法程序。(4)商事仲裁裁决具有法律效力，任何一方可申请强制执行。(5)只有对商事仲裁程序合法性存在争议的，才能向有管辖权的法院提起申诉；法院同意受理此类申诉的，也不审查案件事实本身，而只审查商事仲裁程序的合法性问题。

另外，婚姻、收养、监护、扶养、继承纠纷等涉及人身的民事纠纷，以及依法应当由行政机关处理的行政争议，不能仲裁。劳动争议和农业集体经济组织内部的农业承包合同纠纷的仲裁，在中国须首先提交劳动仲裁。劳动仲裁由劳动争议仲裁委员会对当事人申请仲裁的劳动争议居中公断与裁决，在中国是劳动争议人向法院提起诉讼前的必经程序。劳动仲裁有关程序参阅《中华人民共和国企业劳动争议处理条例》。

124. 上海自贸试验区仲裁院是什么？

2013年10月22日，中国(上海)自由贸易试验区仲裁院建立。该院由上海国际经济贸易仲裁委员会(上海国际仲裁中心)设立。在试验区内承租外高桥大厦250平方米办公场所开展业务，将为区内企业提供就近、便捷的服务积极探索和研究争议解决途径和形式，进一步创新试验区多元化争议解决机制。

仲裁院由“上海国际仲裁中心”设立，是上海自贸试验区争议解决及法律保障的重要制度性安排。20世纪80年代末，上海设立了与上海对外开放相适应的涉外仲裁机构——“中国国际经济贸易仲裁委员会上海分会”；2013年4月，其更名为“上海国际经济贸易仲裁委员会”，同时启用“上海国际仲裁中心”的名称。上海自贸试验区仲裁院的建立意味着上海正努力建成国际商事仲裁中心，形成与“四个中心”建设相匹配的多元化争议解决机制。

目前，上海国际经济贸易仲裁委员会仲裁员名册由625名仲裁员组成，国际化程度位居全国仲裁机构之首：外籍及港澳台地区仲裁员约占1/3，达到199名，分别来自39个国家和地区；同时，该机构受理案件的当事人也已遍及全国各地及世界上66个国家和地区。

据上海国际仲裁中心披露的数据，2008年至2012年的5年间，上海国际经济贸易仲裁委员会共受理仲裁案2 541件，其中国内案件占73%，涉外案件占27%；案件争议类型，基本涵盖各主要商事领域，争议金额总计人民币206亿元。该机构做出的仲裁裁决在境内外已初具影响力：不仅在国内法院得到普遍执行，还在40多个国家和地区得到承认和执行。5年来，双方均为境外当事人的国际性案件达73件，位居全中国仲裁机构之首。

125. 中国缔结或参与的国际协定或条约与上海自贸试验区法律规定孰为优先？

依照《中华人民共和国民法通则》第142条的规定，中国缔结或者参加的国际条约同中国民事法律有不同规定的，适用国际条约的规定，但中国声明保留的条款除外；中国法律和中国缔结或者参加的国际条约没有规定的，可以适用国际惯例。

目前试验区的特殊政策主要是经济与民事方面的一些安排，仅适用于试验区范围内。如果中国缔结或参与的国际协定或条约中的互惠安排优于试验区相关政策，适用国际协定或条约的规定；如果中国缔结或参与的国际协定或条约中的互惠安排不及试验区相关政策的，适用试验区特殊法；如果二者都未做规定的，如刑事法律问题，则适用国内一般法。

因此，香港特别行政区、澳门特别行政区、台湾地区投资者在自贸试验区内投资参照负面清单执行。内地与香港特别行政区、澳门特别行政区《关于建立更紧密经贸关系的安排》及其补充协议、《海峡两岸经济合作框架协议》及其后续《海峡两岸服务贸易协议》、我国签署的自贸协定中适用于自贸试验区并对符合条件的投资者有更优惠的开放措施的，按照相关协议或协定的规定执行。

制度环境

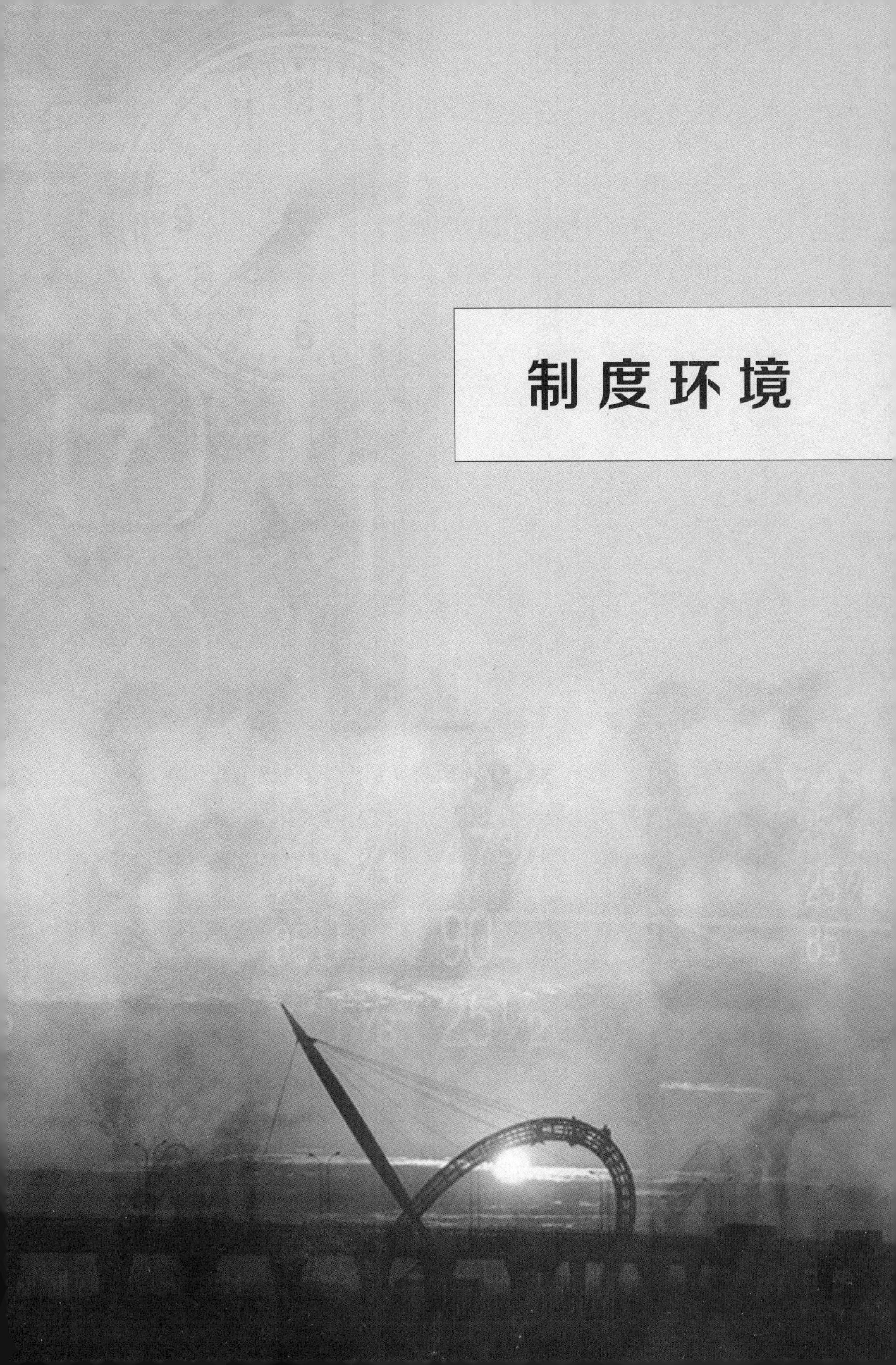

126. 上海自贸试验区监管服务模式创新体现在哪些方面？

监管服务模式创新主要体现在“一线放开，二线管住”服务模式上，包括三方面：

一是“一线放开”。“一线”指试验区和境外之间的国境线。“一线放开”监管创新主要包括海关进出境监管制度、检验检疫制度、货物状态分类监管模式、保税展示交易平台以及新型业务监管等方面的制度创新。

二是“二线管住”。“二线”指试验区和境内区外的连接线。“二线管住”制度创新体现在海关监管、检验检疫、其他监管制度以及监管服务便利化等方面。监管服务便利化主要体现在“三个一”通关模式、货物流转手续简化等方面。

三是进一步加强监管协作，包括有关部门和上海市政府之间的协同、相关政府部门之间的协作管理、推进组建统一高效口岸监管机构以及探索统一电子围网管理等。

127. 我国目前对各类保税区的监管规定是怎样的？存在怎样的问题？

我国目前和保税区有关的法律文件主要来自海关总署规章，主要包括《保税区海关监管办法》、《海关对保税物流园区的管理办法》、《海关保税港区管理暂行办法》。另外，检验检疫方面主要为国家质检总局 2005 年发布的《保税区检验检疫监督管理办法》，外汇管理方面为国家外汇管理总局 2013 年发布的《海关特殊监管区域外汇管理办法》。

海关方面的监管内容包括进出货物通关管理、区内企业管理和区内货物管理。进出货物通关管理包括与境外之间货物的监管(备案管理)、与区外之间进出货物的监管(办理正常申报手续)以及特殊监管区域间货物的监管(保税监管)。

按照国外保税区或自由港区的经验,对保税区的管理遵循“境内关外”原则,享受海关治外法权,免于惯常实施的海关监管,集中体现“一线放开,二线管住,区内自由,入区退税”的通关原则。

在我国实际运作中,虽然也执行“一线放开,二线管住”原则,但与真正的“境内关外”仍有一定差距,境外货物进入保税区内需要向海关备案,区内货物流转也需要向海关备案,被认为是实行“一线、二线、区内”三重管理。与此同时,由于区内和二线监管制度上的问题,保税区也出现了监管缺位的问题。

128. 上海自贸试验区海关监管制度创新目前进展情况?

截至2014年5月1日前,海关已推广实施7项制度,分别为先进区、后报关制度;区内自行运输制度;加工贸易工单式核销制度;保税展示交易制度;境内外维修制度;期货保税交割制度和融资租赁制度。

2014年5月1日至6月30日前分批推广和实施7项制度,分别为:批次进出、集中申报制度;简化通关作业随附单证;统一备案清单;内销选择性征税制度;集中汇总纳税制度;保税物流联网监管制度;智能化卡口验放管理制度。

这14项制度是对现有海关监管服务制度的创新和突破,但还只是海关在2014年上半年推出的第一批创新制度,今后还将有更多创新制度出台。预计各项创新制度到位后,将大大提高自贸试验区贸易便利化的水平。

表1　中国(上海)自由贸易试验区海关监管服务已形成的制度创新

项目名称	改革内容	改革效果	实施范围	所属领域
(1)先进区,后报关	改革前:在一线进境货物入区环节,企业先向海关申报进境备案清单,海关办理完通关手续后,企业再凭放行单据将货物运至区内 改革后:对于一线进境货物,海关依托信息化系统,允许企业凭进境货物的舱单信息先提货进区;上海海关所辖口岸监管场所经营人凭电子信息办理相关货物的提离手续;货物运至区内后,企业再在规定时限内向海关进行进境备案清单申报	企业进境货物从港区到区内仓库时间平均从2—3天缩短至半天。企业物流成本平均降低10%	由目前的47家试点企业扩大到试验区所有符合条件的企业	通关便利
(2)区内自行运输	改革前:试验区范围内4个海关特殊监管区域之间货物的流转采取转关运输方式,并用海关监管车辆运输货物 改革后:试验区内企业,可以使用经海关备案的自有车辆或委托取得相关运输资质的境内运输企业车辆,在试验区内自行结转货物	大幅节约企业物流成本和通关时间。根据试点情况测算,每车缩短30分钟,企业一年节约物流成本约20万元	由目前7家企业试点扩大到试验区有需求的企业	通关便利
(3)加工贸易工单式核销	改革前:仅在区内个别生产企业试点。一般生产企业实施单耗管理核销模式 改革后:对实行海关联网监管、并符合一定条件的企业,取消单耗管理核销模式,实行以每日工单数据为基础的核销模式	将实现海关动态实时准确核算、即时计算核销结果。企业库存差异认定时间从原来的约一两个月减少到一天,节省了企业申报时间。为区内维修和研发等新型的业务类型提供了与之相适应的核销模式	试验区内所有符合条件的企业	通关便利

续 表

项目名称	改革内容	改革效果	实施范围	所属领域
(4)保税展示交易	改革前：仅允许企业在区内开展保税展示 改革后：允许自贸试验区内企业在向海关提供足额税款担保(保证金或银行保函)后，在区外或区内指定场所进行保税货物的展示及交易	允许企业在试验区物理围网以外场所进行保税展示交易，企业可按照经营需要进行物流配送，已销售货物在规定时限内进行集中申报并完税，帮助企业降低物流成本和终端售价，加快物流运作速度	试验区内有此业务需求的企业均可开展	功能拓展
(5)境内外维修	改革前：仅允许区内企业开展区内生产出口产品的返区维修，且维修业务规范不明确 改革后：支持自贸试验区内企业开展高技术、高附加值、无污染的境内外维修业务，海关参照保税加工的监管模式，依托信息化管理系统实施管理	拓展区内维修业务范围，促进高技术、高附加值、无污染的境内维修业务发展，推动加工制造向研发及检测、维修等生产链高附加值的前后两端延伸，促进加工贸易转型升级	区内符合条件的开展维修业务的企业	功能拓展
(6)期货保税交割	改革前：在上海洋山保税港区内开展铜、铝两项商品的保税期货交割试点 改革后：允许企业在试验区4个海关特殊监管区域内开展以保税监管状态的货物作为期货交割标的物，开展期货实物交割。业务品种扩大到上海期货交易所全部上市的商品品种	促进我国期货贸易的发展，促进形成我国大宗商品定价机制，推动上海国际金融中心和航运中心建设	由洋山保税港区1个海关特殊监管区域、铜和铝2个品种，扩大到试验区全部范围和上海期货交易所所有上市的商品品种	功能拓展

续 表

项目名称	改革内容	改革效果	实施范围	所属领域
(7)融资租赁	改革前:仅在浦东机场综合保税区开展试点 改革后:可在试验区范围内开展此项业务。允许承租企业分期缴纳租金,对融资租赁货物按照海关审查确定的租金分期征收关税和增值税	将上海航运服务与金融服务的资源优势、创新优势、环境优势,与海关特殊监管区域保税功能优势相结合,推动试验区建设成为国内一流的融资租赁特别功能区与金融创新实践区	试验区内符合国家主管部门融资租赁条件的企业均可开展此业务	功能拓展

表2　中国(上海)自由贸易试验区海关监管服务第二批制度创新安排

项目名称	改革内容	预期展望	实施范围	所属领域
(8)批次进出、集中申报	改革前:通关申报环节以逐票申报为主,集中申报为辅且均在二线实施 改革后:改变传统逐票申报方式,改"一票一报"为"多票一报",允许企业货物分批次进出,在规定期限内集中办理海关报关手续	扩大企业申报自主权,大幅减少企业申报次数,加快企业物流速度,有效降低通关成本,为试验区内企业开展"多批次、小批量"进出口业务提供便利;同时,方便企业开展保税展示、保税维修、外发加工等业务,提升企业竞争力	6月30日前在二线进出区环节实行"批次进出、集中申报",下半年在一线进出境环节推行"批次进出、集中申报"试点	通关便利
(9)简化通关作业随附单证	改革前:海关在通关申报环节需提交提单、合同、发票、装箱单等纸质随附单据 改革后:对一线进出境备案清单以及二线不涉税的进出口报关单取消随附单证的要求,但海关保留必要时要求企业提供随附单证的权力	简化企业报关手续,提高通关作业自动化率,大幅提升通关效率	试验区内所有企业一线、二线的报关环节	通关便利

续　表

项目名称	改革内容	预期展望	实施范围	所属领域
(10)统一备案清单	改革前:外高桥保税区、保税物流园区备案清单申报项为36项;洋山保税港区和浦东机场综合保税区备案清单申报项为42项 改革后:统一简化试验区备案清单格式,申报要素统一规范为30项	实现规范简捷申报,减轻企业负担,提高自贸试验区一线进出境通关效率,促进试验区4个海关特殊监管区域一体化运作	试验区范围内所有企业	通关便利
(11)内销选择性征税	改革前:除外高桥保税区外,试验区其他海关特殊监管区域实行内销货物按照实际状态征税 改革后:对设在自贸试验区内的企业生产、加工并经"二线"销往国内市场的货物,企业可根据其对应进口料件或实际状态中选择缴纳进口关税	企业可根据需要自主选择内销货物按进口料件或按实际报验状态缴纳进口关税,达到减少税负、降低成本的目的,有利于企业扩大内销,提升试验区内生产企业的竞争力,吸引更多生产企业入区	试验区内所有生产加工企业均可申请开展此项业务	通关便利
(12)集中汇总纳税	改革前:海关征税为传统的逐票审核、征税放行模式 改革后:将传统的海关主导型的税收征管模式转变为企业主动型的征管模式。深化税收征管环节的"前推"和"后移",在有效担保前提下,企业在规定的纳税周期内,对已放行货物向海关自主集中缴付税款,推进征缴电子化,海关由实时性审核转为集约化后续审核和税收稽核	实施集中汇总纳税后,在有效担保的前提下,实行先放行后征税的模式,企业在一个月内对已放行的货物集中支付税款,从而实现货物的高效通关,缓解企业资金压力,降低企业纳税成本,有利于激发市场主体的活力。据测算,应税货物通关时间可节省70%	试验区内B类以上企业、区外A类以上企业	通关便利

续 表

项目名称	改革内容	预期展望	实施范围	所属领域
(13)保税物流联网监管	改革前:对区内保税仓库管理采取传统的定期盘库管理模式,仓储企业管理系统未与海关联网 改革后:将传统的阶段性盘库方式改为动态、实时的仓库核查模式。对符合条件的使用仓储管理系统(WMS)的企业,实施"系统联网+库位管理+实时核注"的仓储物流海关监管模式,对货物进、出、转、存情况做到实时掌控和动态核查	简化企业申报流程,便于企业实现不同状态货物的同库仓储经营,提高物流运作效率,降低企业运营成本,适应企业内外贸一体化的需求	试验区符合条件的使用WMS系统管理且与海关联网的企业	通关便利
(14)智能化卡口验放管理	改革前:车辆、货物进出人工办理手续,效率较低 改革后:简化卡口操作环节,升级改造卡口设施,实现自动比对、自动判别、自动验放,缩短车辆过卡时间,提升通关效率	卡口验放从"2上2下4敲章"的人工手续变为"0上0下0敲章"的自动过卡,车辆过卡时间从6分钟缩短至45秒。每天通车能力提高8倍。同时,有利于海关及时采集进、出、转、存物流信息数据,通过信息化系统实现信息自动比对、核注以及进行风险判别及相应处置,落实安全高效要求	6月30日前,一线进出境货物实现智能化卡口验放	通关便利

129. “货物状态分类监管模式”指什么?

货物状态分类监管模式指根据不同货物状态,实行不同监管模式。基本上分三大类货物状态进行监管:

一是对区内保税仓储、加工等货物,按照保税货物状态监管;

二是对通过试验区口岸进出口或国际中转的货物,按照口岸货物状态监管;

三是对进入试验区内特定的国内贸易货物,按照非保税货物状态监管。

这项改革不仅涉及海关监管改革,还涉及相关税收政策改革。目前还处于探索阶段。

130. 保税展示交易平台指什么业务?

保税商品展示是各类保税区均可开展的业务内容之一。经主管海关批准,区内企业可以在区内专用的展示场所举办商品展示活动,展示货物要在海关备案并接受海关监管。若区内企业到区外其他地方举办商品展示活动,海关要比照暂时进境货物的管理规定,办理相关手续。目前,包括上海外高桥保税区在内的许多国内保税区都在区内设立国际酒类展示交易中心。由于保税区的保税仓储以及销售方式不同,保税区内的酒类价格相对较低,但价格低并非有税收优惠,因为保税展示商品销售至区外,仍要依法缴纳各类进口环节税收。

上海自贸试验区《总体方案》提出,在严格执行货物进口税收政策的前提下，允许在特定区域设立保税展示交易平台。试验区保税展示交易平台能设在区外特定区域，且海关在进境手续上会给予更多的便利化措施，在商品上可拓展至更多样化的高端消费品。

131. 上海自贸试验区在检验检疫和质量技术监督方面的改革内容有哪些？目前进展情况如何？

根据国家质检总局《关于支持中国（上海）自由贸易试验区建设的意见》（国质检通[2013]503号），提出了10个方面的支持措施，检验检疫和质量技术监督方面的主要改革内容如下：

（1）质检制度创新；

（2）探索建立自贸试验区检验检疫监管新模式；

（3）支持自贸试验区创新建立质量技术监督和执法体制；

（4）支持深化自贸试验区质量监督行政审批制度改革；

（5）促进自贸试验区提升贸易便利化水平；

（6）建立自贸试验区检验检疫预警和防控体系；

（7）支持自贸试验区公共信息平台建设；

（8）推动自贸试验区诚信体系的建设和完善；

（9）支持自贸试验区跨境电子商务的发展；

（10）服务自贸试验区产业集聚。

检验检疫方面将实行进境货物预检验及核销管理、“即查即放”现场查验模式等18项具体制度，探索建立检验检疫监管新模式，按照“进境检疫，适当放宽进出口检验，方便进出，严密防范质量安全风险”原则，“一线”上给予最大限度便利，主要实施进出境检疫和重点敏感货物检验。

2014年4月,上海出入境检验检疫局已确定6项创新制度,争取国家质检总局支持后,将在全国复制与推广。

一是“采信第三方”制度。改革前进出口货物的法定检查,只能由检验检疫部门进行。改革后,对特定进出口商品,逐步实行凭国家认可第三方机构的检测结果验证放行。自2014年1月实施,一个半月中仅进口机动车已有5.98万辆享受便利,为企业节约物流成本102.2万美元。

二是“预检验”制度。2014年5月1日起,自贸试验区范围内全面推行进口货物预检验制度。企业在货物入境进区或在区仓储时申请预检验,即可以由检验检疫机构一次完成检验检疫工作,货物一经检验合格,检验检疫机构将登记预检验合格信息,并签发核销凭证。凭此凭证,预检验合格货物可以免于检验,随时分批出区,直接核销放行。

通过预检验及核销制度的实施,可以在自贸试验区“二线”严密防范质量安全风险的同时,有效地将刚性的进口现场检验和实验室检测时间前置到货物的在区仓储期间,实现了货物出区时“零等待”。实行预检验后,货物进境到进口通关的整个流程时间至少缩短50%。进口工业品从7到8个工作日缩短至3到4个工作日,进口化妆品从12个工作日缩短到5个工作日。

三是全球维修产业监管。政策推出后,新注册企业猛增200多家,物流、保险公司纷纷加入。

四是进境生物制度风险管理。管理部门在全面评估与诚信评价基础上,对控制力强、诚信度高的企业采取“年审批”制,并根据产品生物风险和企业诚信等级,进行分类分级管理,使许多研究用生物试剂更快速到达企业手中。

五是动植物检疫审批的负面清单。质检总局于2014年3月4日出台了《关于支持中国(上海)自由贸易试验区建设动植物检验检疫改革措施的通知》，明确了动植物检疫审批的负面清单。除活动物、水果、粮食等外，其余均授权上海局实施检疫审批。

新制度实施仅1个月，上海已完成相关审批273项，极大地提升了生物、医药、医疗等行业联通世界的能力。动植物源性食品的检疫审批终审权限下放至上海检验检疫局，进一步简化审批流程，将办理时间由原来的20个工作日大大缩短到了10个工作日，加大了自贸试验区内进口食品的流通。新举措的落实推进将对要求通关效率很高的食品领域产生深远影响，对进境动植物源性食品等入境产品行业的发展产生积极效应。

六是中转货物原产地签证制度。该制度借鉴香港模式，方便企业在自贸试验区内开展国际分拨配送，让分拨货物享受国外相应的关税减免和通关便利。短短几个月，园区内签发各类原产地证书6 000多份，金额3.12亿美元，同比增长16.92%，远高于同期上海市外贸进出口额增幅。

另外，2013年1月27日零时始，检验检疫部门对上海自贸试验区入境的保税仓储、保税加工、保税展示等保税货物免予签发入境通关证明，自贸试验区货物通关再次提速。

免予签发入境通关证明后，海关不再验核检验检疫入境通关证明。入境货物到港后，企业凭海运仓单或空运提单信息24小时全天候向检验检疫电子申报，检验检疫相关信息化系统即时电子审单、即时反馈电子监管指令。无须检疫的货物，企业可直接提运进区入库；必须检疫的货物，企业可第一时间提运进区，在区内接受检疫查验后入库储存。

“免签”政策对外贸企业的影响包括：改变了以往入境进区货物必须先取得检验检疫通关证明才能报关的“串联”做法，企业可以在向检验检疫申报的同时向海关申报，可节省约50%办理通关手续的时间；得以豁免相应签证费用。

2014年3月1日起，上海机场检验检疫局创新申报前检疫工作新模式,在上海浦东机场全部7个货站内针对入境货物全面开展该工作模式。上海机场检验检疫局筹建起了一支23人值班工作组,进驻机场货站4大主要工作区域,共覆盖7个货站,采用轮班模式,全天候24小时不间断监管货站一线工作。

申报前检疫,是指货物在入境的第一时间、第一环节[即在货站拆箱(板)环节,此时货主或其代理人尚未向检验检疫机构申报],检验检疫就对其(包括国际、国内中转、转关在内的所有入境货物)实施入境卫生检疫查验(但不涉及特殊物品等产品本身的卫生检疫内容)及其装载设施(如航空集装器(箱)、压舱板、垫板等)、包装物及铺垫材料的动植物检疫查验。

这一创新性的工作模式实现了入境检疫全覆盖,消除检疫盲点,最大限度地降低了疫情传入和传播的风险;提高了检疫工作效率,使得检疫工作与理货同步进行,极大地缩减了货物的施检时间(可将原来平均2个工作日的施检时间缩至0.5天左右,甚至是零时间);提升检疫工作有效性。

132. 上海自贸试验区内质量技术监督的改革措施有哪些?目前进展情况如何?

2013年12月24日,上海市质量技术监督局发布《自由贸易试验区质量技监工作改革措施》,就区内质量技监工作提出10条改革措施,涉及综合监管模式创新、行政审批制度改革以及服务区内企业等方面,主要内容包括:

(1) 创新产品质量综合监管模式;

(2) 构建基于风险的特种设备分类监管模式;

(3) 改革工业产品生产许可制度;

(4) 委托区内分局直接受理产品质量检验机构资质审批申请；

(5) 建立以计量认证为基础的检验检测机构资格认定制度；

(6) 对特定领域之外的检测机构资质认定实行告知承诺制；

(7) 取消中小企业计量检测保证能力评定等行政审批事项；

(8) 授权由自贸试验区分局受理实施部分特种设备行政审批事项；

(9) 改革企业标准备案管理制度；

(10) 发挥组织机构代码作为统一社会信用代码的作用。

截至2014年4月，10大改革举措已全部正式落地运行。这10条改革创新落地的背后都有着一整套优化、细化、固化的工作制度和经验做法。例如，自贸区代码登记处作为全市新设立外资企业“并联审批”的首批试点登记处，研究、确立了一套外资企业“并联审批”的赋码流程和业务系统要求。该创新经验已被自贸区管委会纳入“一口受理”商事制度改革整体框架之中，将作为自贸区首批成功经验在全国复制和推广。

自贸区代码登记处在全国率先采用的“实时赋码”模式，也已被全市和全国组织机构代码管理中心采纳和推广。国家标准化管理委员会已明确以“上海模式”为蓝本，从2014年第三、第四季度起，将“企业产品、服务标准自我声明公开制度”逐步向浦东新区、全市以及全国各省市进行推广。自贸区质监改革创新的“可复制、可推广”效应正在逐步“集聚和传导”。

2014年4月16日，上海市质监局正式印发了《中国(上海)自由贸易试验区内产品质量检验机构资格审批部份变更审批告知承诺办法》和《中国(上海)自由贸易试验区内产品质量检验机构计量认证部份变更审批告知承诺办法》(以下简称两个《办法》)。两个《办法》将于2014年6月1日起正式施行。这标志着上海在全国率先在检验检测机构资质认定审批领域实施告知承诺制，这也是上海质监局首批开展告知承诺制的审批项目。

按照风险可控的原则，除食品检验、司法鉴定、机动车安全技术检验等直接关系人身健康、生命财产安全的行政审批事项外,对自贸区内的检测机构,在标准变更、场所变更、授权签字人变更等审批事项方面实行告知承诺制。届时自贸区的检测机构一旦承诺符合相关规定条件,审批部门即当场作出审批决定,大大缩减了审批时间,使自贸区的检测机构能更快速适应市场检验检测需求的变化。

据统计,目前全市产品质量检验机构计量认证变更申请受理量占该事项全部受理量的34%,相关变更审批事项按正常审批程序,企业从申请到取证,平均需1个多月。告知承诺的实施将使检测机构受益匪浅。同时,为加强"事中事后"监管,上海市质量技术监督局自由贸易试验区分局将在作出准予行政审批的决定后2个月内,对被审批单位的承诺内容是否属实进行检查,对不符合要求的责令限期整改,整改仍不符合要求的将撤销审批决定。此举将倒逼检测机构必须持续符合所承诺的条件,规范其检测行为,也是督促检测机构落实主体责任的一项措施。

自2014年2月1日起,市质监局试点取消自贸区内工业产品生产许可证委托加工备案。对于注册在上海自贸试验区的企业,作为委托企业或被委托企业,从事委托加工实行生产许可证制度管理的产品时,不再需要到市质监局办理备案,委托加工产品仍需按照《中华人民共和国工业产品生产许可证管理条例实施办法》的有关规定进行标识标注。

2014年5月初,经国家质检总局批准,上海自贸试验区内正式筹建全国首个国家级进出口工业产品风险信息监测分中心。进出口工业产品风险信息监测分中心的主要职责是:通过构建完善的风险信息采集、识别、研判及处置制度,实现对包括境内外政府部门通报、伤害事故报告、媒体舆情和消费者投诉在内的各类风险信息的采集和安全性评估,为国家质检总局发布相关预警措施提供决策支持,为国内企业应对国外相关技术措施、突破各类非关税贸易壁垒提供有效参考。

此外，国家质检总局还批复上海出入境检验检疫局开展两项制度创新：一是建立进出口工业产品质量安全约谈机制，推动进出口企业树立“质量安全第一责任人”的法律意识，实现进出口工业产品宏观质量安全监管目标；二是以制度形式规范进口不合格商品的销毁、退运以及技术整改等三种处置方式，强化不合格进口商品的事中监管和事后处置程序要求，形成检验监管的闭环处置制度。

133. 关检合作“三个一”通关模式指什么？对企业会产生什么影响？

试验区将推行“一次申报、一次查验、一次放行”的通关模式。该通关模式由海关与出入境检验检疫部门合作实行，简称“三个一”通关模式。2012年已在广州率先试点。

“一次申报”指“一次录入、分别申报”，对需要报检报关货物，企业可在企业端一次性录入关检申报数据，分别完成报检和报关。

“一次查验”指“一次开箱、关检依法查验/检验检疫”，关检双方对口岸现场同一批货物均需查验时，通过公共信息平台对碰查验、检验信息，按照“一次到场、一次开箱”原则，依照各自规定要求共同进行查验作业。

“一次放行”指“关检联网核放”，海关和检验检疫部门分别发送对货物的核放信息，企业及其代理人凭海关和检验检疫部门的核放信息，办理货物提离手续。

“三个一”试点在简化手续、提高效率、降低成本方面成效显著。据统计，试点后企业申报项目录入项数减少45%，申报效率提高25%以上；随着查验指令的电子化，企业办单候查时间减少50%以上；避免重复装卸，货物查验时间约减少50%。2013年7月,海关总署与国家质检总局决定将试点扩大至天津、上海、黑龙江等省市的直属海关和直属检验检疫局。

134. 货物流转手续简化包括哪些方面?手续简化的主要手段是什么?

保税区内货物流转的原政策框架:根据保税区、保税港区和保税物流园区等海关管理办法,货物在区内企业之间转让、转移,不征收流转环节有关税收,双方当事人向海关备案。保税港区、保税物流与其他海关特殊监管区域或保税监管场所之间往来的货物,实行保税监管,不征收进出口环节有关税收。

试验区将通过各类货物流转手续简化手段,实现高效便捷的保税物流监管体系,适应自贸试验区对产业链布局和物流快速流转需求。

货物流转包括两个方面:一是货物在试验区4个海关特殊监管区域之间的流转,二是货物在试验区与周边海关特殊监管区域之间的跨关区流转。

货物流转手续简化手段主要包括:一是加强电子账册管理,按照“分批送货、集中申报、自行运输”方式,打造新型监管制度;二是创建统一的海关信息化管理系统和中央监控平台,协调4个海关特殊监管区域的物流监管,同时升级卡口的智能化;三是探索电子围网管理。

为推动自贸试验区内海关监管货物自由流通,降低企业通关物流成本,海关已试点“分送集报、自行运输”模式。目前,上海海关已确定7家试点企业,设计了4条路线。自2013年10月29日启动试点以来,截至2013年12月31日,办理“自行运输”试点业务27票,货值958.31万美元。根据企业测试情况,货物通过自行运输方式从洋山保税港区转运至外高桥保税物流园区的时间可以由原来的5—6小时缩短到3—4小时，运输成本平均每辆车节省约200元。

135. 上海自贸试验区税收政策包括哪些方面？

试验区内税收政策内容可概括为“7+2”：7项已明确，2项还待探索研究。在7项已明确的税收政策中，有2项是促进投资的政策，有5项是促进贸易的政策，税种涉及企业所得税、个人所得税、增值税和关税。

从税收政策内容上看，7项已明确的税收政策中，股权激励个税政策、两项融资租赁政策、两项进口环节税收政策等5项都已在国内其他地方试点，启运港退税试点仅在原来基础上扩大和完善，非货币性资产对外投资等资产重组形成的增值所得，仅涉及递延纳税规定。因此，从政策内容上可以看出，税收政策并非此次试验区改革重点。

税收政策改革前提要求是：维护现行税制公平、统一和规范，以培育功能为导向。这一要求体现了试验区改革并不是为了获取制度红利，形成政策洼地，而是要形成在全国具有可复制性和可推广性的制度创新。因此，区内实行15%企业所得税优惠政策还不具备可行性。

136. 什么是非货币性资产对外投资行为？税收征收存在什么问题？

非货币性资产主要包括存货、固定资产、无形资产和长期股权投资等。企业或个人以非货币性资产对外投资，取得被投资企业股权，若取得股权公允价值高于转出的非货币性资产价值,这部分为评估增值所得,对于企业,确认为投资所得,应纳入企业所得税征税范围;对于个人,属于个人财产转让所得,应纳入个人所得税征税范围。

非货币性资产对外投资产生评估增值时,投资者未取得现金流,若评估增值过大,纳税人缴纳税款存在困难。对此问题,无论是企业所得税还是个人所得税,税务部门都曾实行过递延纳税政策,但目前政策都发生了一些变化。

137. 对非货币性资产对外投资,上海自贸试验区外的税收政策是什么?

对于企业:根据国税发[2000]118 号文,企业以非货币性资产对外投资的评估增值,若资产转让数额较大,缴纳企业所得税确有困难,经税务机关批准,可随后 5 年内平均摊转。2011 年,国税发[2000]118 号文件作废。国家税务总局 2010 年第 19 号公告规定,非货币性资产对外投资,五年递延纳税的规定废止,企业要一次性缴纳企业所得税。

财税[2009]59 号文规定,只有满足特定条件的资产收购行为,企业才能暂免缴纳企业所得税。特定条件是:转让企业出资资产不低于资产总额的 75%,且受让企业股权支付金额不低于其交易支付总额的 85%。

企业所得税相关政策文件依据:《国家税务总局关于企业股权投资业务所得税问题的通知》(国税发[2000]118 号);《关于企业重组业务企业所得税处理若干问题的通知》(财税[2009]59 号);《关于企业取得财产转让等所得企业所得税处理问题的公告》(国家税务总局 2010 年第 19 号公告)。

对于个人：个人以货币性资产对外投资的评估增值所得，是否缴纳个人所得税？对此问题，一直存有争议，目前属于政策空白。

根据国税函[2005]319 号文规定，个人以非货币性资产投资于企业，评估增值暂不征收个人所得税。在投资收回、转让或清算股权时，如果有所得，再按缴纳个人所得税。但该文件已废止。国税发[2011]50 号文提出："重点加强个人以评估增值的非货币性资产对外投资取得股权的税源管理，完善征管链条"，但该文件没有明确是否可以递延缴纳。

个人所得税相关政策文件依据：《关于非货币性资产评估增值暂不征收个人所得税的批复》(国税函[2005]319 号)；《关于切实加强高收入者个人所得税征管的通知》(国税发[2011]50 号)。

138. 上海自贸试验区关于非货币性对外投资税收政策的内容是什么？

上海自贸试验区《总体方案》提出，对于非货币性资产对外投资等资产重组行为，资产评估增值部分，可在 5 年内分期缴纳所得税。

适用纳税主体为：注册在试验区内的企业或个人股东。

根据财税[2013]91 号文，目前出台的政策针对注册在试验区内的企业，并明确为"试验区注册并在区内经营，实行查账征收的居民企业"；目前未就个人股东出台具体政策。

非货币行性资产对外投资的资产评估增值，即非货币性资产转让所得的计算办法如下：

投资企业的非货币性资产转让所得＝非货币性资产的公允价值－非货币性资产的计税基础

其中,非货币性资产的计税基础=非货币性资产的原计税基础。

根据财税[2013]91号文,非货币性资产对外投资等资产重组行为,指以非货币性资产出资设立或注入公司,限于以非货币性资产出资设立新公司和符合财税[2009]59号文第一条规定的股权收购、资产收购。

根据财税[2009]59号文,股权收购、资产收购的内涵为:

股权收购:一家企业(收购企业)购买另一家企业(被收购企业)的股权,以实现对被收购企业控制的交易。收购企业支付对价的形式包括股权支付、非股权支付或两者的组合。

资产收购:一家企业(受让企业)购买另一家企业(转让企业)实质经营性资产的交易。受让企业支付对价的形式包括股权支付、非股权支付或两者的组合。

政策文件依据:《关于中国(上海)自由贸易试验区内企业以非货币性资产对外投资等资产重组行为有关企业所得税政策问题的通知》(财税[2013]91号);《财政部国家税务总局关于企业重组业务企业所得税处理若干问题的通知》(财税[2009]59号);《中国(上海)自由贸易试验区内企业非货币性资产投资资产评估增值企业所得税政策备案事项操作规程(试行)》(沪国税所[2013]40号)。

139. 上海自贸试验区的个人所得税激励与中关村等地股权激励个人所得税税收政策内容相同吗?

中关村2010年开始试点股权激励个税政策。2013年,根据财税[2013]15号文,中关村、东湖、张江国家自主创新示范区和合芜蚌自主创新综合试验区也开始实施股权奖励个人所得税试点政策。政策内容主要包括：

适用企业范围：高新技术企业，要经试点地区省级高新技术企业认定管理机构认定，注册在试点区内、且实行查账征收。

企业奖励方法：以股份或出资比例等股权形式、给予本企业相关技术人员奖励。

适用人员范围：企业技术人员，包括企业重要的技术人员和企业经营管理人员。

税收处理办法：一次缴纳确有困难，经主管税务机关审核，可分期缴纳个人所得税，但最长不得超过5年。技术人员获得股权后再转让的，对转让的差价收入，按"财产转让所得"征收个人所得税。

政策目标：为了聚集优秀创新人才，培育创新型企业，促进科技成果转化，推动高新技术产业化。

政策文件依据：《关于中关村、东湖、张江国家自主创新示范区和合芜蚌自主创新综合试验区有关股权奖励个人所得税试点政策的通知》（财税[2013]15号）。

上海自贸试验区该项税收政策适用人员范围：试验区提的是"给予企业高端人才和紧缺人才的奖励"，与财税[2013]15号文的提法有所不同，但具体适用范围还有待明确。

140. 融资租赁出口指什么业务？为什么要试点融资租赁出口退税政策？

融资租赁业务：根据承租人对货品、供货人等条件的选择或认可，出租人从供货人获得租赁物，按合同约定出租给承租人使用，并向承租人收取租金。

若租赁物为境内货物,承租人在境外,则属于跨境服务。融资租赁跨境服务涉及租赁物出口。

现行税收政策:在退税政策上,融资租赁企业与一般企业的货物出口不同。在“营改增”之前,融资租赁企业是营业税纳税主体,不能享受增值税出口退税。“营改增”之后,根据财税[2013]37号文,对于“标的物在境外使用的有形动产租赁服务,除财政部和国家税务总局另有规定外,免征增值税”。与增值税零税率政策不同,租赁企业购买的有形动产出口,无法退回已纳增值税税款。也就是说,“营改增”之后的融资租赁企业,仍然无法享受到出口退税政策。

因此,融资租赁企业的出口租赁物税负高于生产企业的货物出口,这会削弱我国融资租赁企业提供跨境服务的竞争力。为此,天津早在2010年就开展了为期一年的融资租赁船舶出口退税试点。2011年,国家发改委进一步明确天津东疆保税港区融资租赁出口退税政策,租赁物扩大到海洋工程结构物。2012年,财税[2012]66号文进一步明确在天津东疆保税港区实行融资租赁货物出口退税政策,租赁物范围扩大到其他融资租赁出口货物。

141. 天津东疆融资租赁出口退税试点政策的内容是什么?

适用主体:在天津东疆保税港区注册的融资租赁企业或金融租赁公司在天津东疆保税港区设立的项目子公司。

适用范围:以融资租赁方式租赁给境外承租人,并向天津境内口岸海关报关出口的货物。

租赁期限：5年(含)以上。

退税涉及税种：增值税、消费税出口退税。

退税办法：向融资租赁出租方退还其购进租赁货物所含增值税；属于消费税应税消费品的，向融资租赁出租方退还前一环节已征的消费税。

融资租赁出口货物范围：飞机、飞机发动机、铁道机车、铁道客车车厢、船舶及其他货物，其他货物应符合《增值税暂行条例实施细则》(财政部、国家税务总局令第50号)"固定资产"规定。

政策文件依据：《关于在天津东疆保税港区实行融资租赁货物出口退税政策的通知》(财税[2012]66号)；《国家税务总局关于发布〈天津东疆保税港区融资租赁货物出口退税管理办法〉的公告》(国家税务总局公告2012年第39号)。

142. 上海自贸试验区融资租赁出口退税政策的适用范围是什么？

试验区明确将实行融资租赁出口退税政策，适用企业为：在试验区内注册的融资租赁公司，或者金融租赁公司在试验区内设立的项目子公司。这项政策借鉴自天津融资租赁出口退税政策。

融资租赁公司包括外商和内资融资租赁公司。其中，外商投资融资租赁公司由商务部批准设立；内资融资租赁企业由商务部和国家税务总局共同批准开展试点。金融租赁公司由中国银行业监督管理委员会批准设立。

项目子公司，又称特殊目的实体(special purpose vehicle, SPV)，是为

了实现特定经营目标而设立的法律实体，能达到“风险隔离”的目的，同时能满足外部融资需要。通过设立SPV，进行特定租赁物运营的融资租赁行为称为SPV租赁，通常适用于特大型固定设备，如飞机、船舶等。

自贸区范围内，海关对融资租赁货物按照审查确定的分期缴纳的租金分期征收关税和增值税。

143. 飞机租赁业的市场规模有多大？我国飞机租赁业的发展情况怎样？

2013年10月，根据全球商业咨询公司艾睿铂(AlixPartners)发布的报告，到2031年，全球新交付29 770架飞机，到2031年，亚太地区将超过北美，成为全球最大航空市场，其中我国航空机队增长将是最大贡献。据波音公司近期预期，中国未来20年内需要购买5 580架新商用飞机，总价值约7 800亿美元，按60%租赁比例估计，每年飞机租赁市场规模接近240亿美元。

根据中国民航总局的数据，截至2013年6月底，中国民航在册运输飞机为2 035架，其中通过金融融资和租赁取得的飞机比例约占60%。但其中只有不到10%的租赁业务由中资企业完成，也就是说，我国飞机租赁市场大约90%以上由境外金融机构垄断，国际租赁金融公司(ILFC)占我国飞机租赁市场的35%。近几年，我国金融租赁公司通过SPV模式，纷纷在保税区设立项目子公司，开展飞机租赁业务，国内租赁公司市场份额逐年上升。截至2014年4月，通过天津东疆保税港区完成租赁的飞机达331架。

144. 为什么飞机租赁需要税收优惠政策？

飞机租赁业务通常属于国际租赁业务，面对的竞争对手来自国际租赁机构，税收政策的影响非常大。目前，爱尔兰是全球最大飞机租赁中心，超过 50%的商业飞机由在爱尔兰的航空金融公司拥有或管理，世界前十大航空租赁公司中已有 9 家在爱尔兰设立分支机构，管理的总资产规模已超过 830 亿欧元，飞机租赁直接从业人员超过 1 000 名，若加上大量围绕飞机租赁的衍生人才（如飞机技术层面的工程师、飞行员，与飞机租赁相关的专业服务人员如律师、会计师等），飞机租赁从业人员大约达到 3 000 人。这些租赁公司从全球购买飞机，再将飞机租到世界各地。

我国许多租赁公司选择爱尔兰搭建海外架构，例如 2010 年中国工商银行在爱尔兰成立了工银国际金融租赁有限公司，至今资产规模超过 25.6 亿欧元，拥有与管理的大型飞机 61 架，各种船舶 21 艘。

爱尔兰飞机租赁业的发展与其低税政策密不可分。爱尔兰企业所得税税率仅 12.5%，允许在 8 年内计提折旧，与全球 69 个经济体签订避免双重征税协定，其中大部分协定约定，租赁所得预提所得税实行零税率。

新加坡等航运中心也纷纷出台飞机租赁税收优惠政策，如新加坡出台飞机租赁计划（Aircraft Leasing Scheme，AIS），对 AIS 支持的飞机租赁公司离岸或在岸的飞机租赁所得实行 5 年期的 5%或 10%低税率，同时对飞机租赁公司为购买飞机或飞机发动机而支付的境外贷款利息，免于缴纳预提所得税。经批准，AIS 支持的飞机租赁公司允许加速计提飞机的折旧年限。2012 年，新加坡财政部已将 ALS 计划延用至 2017 年。

天津 2009 年开始开展保税进口飞机租赁业务，在飞机进口环节税收、租赁企业所得税等方面给予一系列优惠政策，并配套相关外汇管理、外债管理政策,在飞机租赁业获得了很大的发展。

145. 飞机进口税收政策是怎样的?为什么试点飞机租赁税收优惠政策?

2013年8月30日开始,如果航空公司进口飞机,进口环节增值税税率是5%(2013年8月30日之前,相关进口增值税税率是4%)。如果是国内租赁企业进口飞机,租赁企业要缴纳17%的进口环节增值税。因此,国内租赁公司进口飞机比航空公司进口飞机的税负重很多,不利于国内租赁公司开展飞机租赁业务。

飞机租赁进口增值税税率优惠政策已在天津东疆保税港区内实施。根据发改基础[2011]1051号文,天津东疆的租赁公司或租赁公司设立的项目子公司,经国家有关部门批准,从境外购买空载重量25吨以上的飞机并租赁给国内航空公司使用的飞机,减按4%缴纳进口环节增值税。空载重量25吨以上的飞机是目前国内航空公司需求最大的干线飞机。

根据财关税[2013]75号文,试验区飞机租赁进口环节增值税优惠税率将与航空公司相同,即为2013年8月30日开始的5%。

146. 上海自贸试验区内生产、加工货物内销补税政策怎样?选择性征税政策是什么?

根据各类保税区管理办法,保税区内用于加工的进口料件都予以保税管理。若加工货物要销往境内区外,则需内销补税,即要按照进口货物办理手续，向海关缴纳关税和进口环节增值税和消费税。海关关税完税价格的确定因料件性质而定，征税办法大致可分两种，一是按照制成品所含进口料件征税（适用于制成品、残次品、剩余料件），二是按照内销时实际状态征税（适用于副产品、边角料）。不同计征办法会对企业总体税负会产生影响：首先影响关税完税价格；其次，若进口料件和实际状态影响商品归类，还会影响适用的关税税率，二者同时影响关税税额，进而影响应缴纳的进口增值税税额和消费税税额。

上海自贸区将实行选择性征税办法，其政策适用范围为区内企业生产、加工货物经“二线”销往内地。

选择性征税的选择内容：关税完税价格确定依据，按进口料件还是按实际报验状态计征关税的选择。报验状态是向海关申报进出口时的实际状态。海关根据货物报验时的状态确定进出口货物的归类。货物归类不同，关税适用税率不同。企业将根据两个方案下的总体税负，确定纳税申报办法。

原来政策下，关税完税价格的确定要根据料件性质确定，管理相对复杂。在实际操作中，已出现企业根据其特点，选择不同申报办法的现象。该项政策的出台，一方面明确企业的可选择权，另一方面可降低企业税负。

该项政策已在广州横琴开发区和福建平潭综合试验区实施，不过实际操作方法未明确，相应政策文件规定为：“经实际操作并不断完善后再正式实施”。

147. 保税区和境外之间货物进出的一般税收政策是怎样的？

根据海关总署关于保税区、保税港区、保税物流园区等管理办法，货物在保税区和境外之间进出，即“一线”上的货物进出，进口关税和进口环节税收的处理办法分为三种情况，分别是予以免税、予以保税和依法纳税，具体政策见下表。

税收处理办法	相关货物
予以免税	(1) 区内生产性的基础设施建设项目所需的机器、设备和其他基建物资 (2) 区内企业自用的生产、管理设备和自用合理数量的办公用品及其所需的维修零配件，生产用燃料，建设生产厂房、仓储设施所需的物资、设备 (3) 保税区行政管理机构自用合理数据的管理设备和办公用品及其所需的维修零配件
予以保税	(1) 加工出口产品所需的原材料、零部件、元器件、包装物件 (2) 转口货物和在保税区内储存的货物 《海关对保税物流园区的管理办法》对保税货物更明确，如还包括进境检测、维修货物及其零配件，供看样订货的展览品、样品等
按照一般贸易进口货物征税	(1) 供区内企业和行政管理机构自用的交通运输工具、生活消费用品 (2) 通过保税港区直接进出口的货物

148. 上海自贸试验区内进口机器设备现有税收政策怎样？上海自贸区改革突破在哪里？

根据保税港区、保税物流园区等管理办法，区内企业生产所需的机器和设备，从境外进入保税区，除法律、行政法规另有规定外，海关免征进口关税和进口环节海关代征税。

根据上海自贸试验区《总体方案》，对区内生产企业和生产性服务企业进口所需的机器、设备等货物予以免税，但生活性服务业等企业进口的货物以及法律、行政法规和相关规定明确不予免税的货物除外。试验区改革突破在于，机器设备进口免税适用的区内企业范围扩大到生产性服务业企业。因此，该项税收优惠政策将会降低区内生产性服务业进口机器设备的税收负担。

实际上，类似政策已在广州横琴和福建平潭两个地区实施，“一线”上货物进出税收处理办法总结如下表。2013年，这两个地区除享保税区生产企业进口所需机器设备的免税措施外，将“区内从事研发设计、检测维修、物流、服务外包等企业进口所需的机器和设备等货物”也纳入免税范围。试验区进口税收政策所指的“生产性服务业”可能会与这个范围类似，但具体尚待明确。

根据上海市统计局2013年《生产性服务业分类(试行)》文件，生产性服务业划分为农业服务、制造维修服务、建筑工程服务、环保服务、物流服务、信息服务、批发服务、金融服务、租赁服务、商务服务、科技服务及教育服务等12个类别，涉及32个大类，104个中类及199个小类。

横琴和平潭“一线”货物进出的税收政策

规　定	货　物　列　表
予以免税	(1) 生产性的基础设施建设项目所需的机器、设备和建设生产厂房、仓储设施所需的基建物资 (2) 区内生产企业运营所需的机器、设备、模具及其维修用零配件 (3) 区内从事研发设计、检测维修、物流、服务外包等企业进口所需的机器、设备
不予免税清单	(1) 法律、行政法规和相关规定明确不予免税的货物 (2) 国家规定禁止进口的商品 (3) 商业性房地产开发项目进口的货物 (4) 生活消费类货物(列出了47项) (5) 20种不予减免税的商品中未列入上述生活消费类货物清单的其他商品 (6) 其他与生产无关的货物

续 表

规 定	货 物 列 表
予以保税	(1) 区内企业为加工出口产品所需的原材料、零部件、元器件、包装物料及消耗性材料 (2) 区内物流企业进口用于流转的货物
不予以保税清单	(1) 法律、行政法规和相关规定明确不予保税的货物 (2) 国家规定禁止进口的商品 (3) 商业性房地产开发项目进口的货物 (4) 区内个人、企业和行政管理机构自用的生活消费类用品(具体商品范围同上述"不予免税清单"中的"4"和"5") (5) 列入加工贸易禁止类目录的商品 (6) 其他与生产无关的货物

149. 启运港退税试点政策内容是什么?

启运港退税政策指:从启运地报关出口,从水路转关直航运输,经上海洋山保税港区离境的集装箱货物,只要在启运地报关出口,海关办理放行手续,就被视同出口并可办理退税。

在原来模式下,企业必须在货物实际出境后才能办理退税,而启运港退税是在启运地海关放行后就可办理出口退税。这项政策是出口退税管理模式的一项创新。2012年8月1日已开始实施这项试点。

目前启运港退税试点对启运港、离境港、运输方式、承运公司、运输工具等都有规定。

启运地口岸限于:青岛前湾港和武汉阳逻港(即两个启运港);

出口口岸:上海洋山保税港区,即离境港;

两个承运公司:上海浦海航运公司和中外运湖北有限责任公司;

运输工具名称限于：永裕 016、永裕 018、新滨城、向莲；

运输方式：水路运输；

试点企业要满足的条件：海关管理 B 类及以上，且无涉税违法违规行为的自营出口企业。

150. 启运港退税试点的政策效果怎样？上海自贸试验区改革内容是什么？

启运港退税试点政策是贯彻落实“两个中心建设”的文件精神。国务院 2009 年 19 号文明确提出，“实施启运港退税政策，鼓励在洋山保税港区发展中转业务”。

启运港政策有利于企业及时办理出口退税、加速企业资金周转，减少企业运营资金压力。对上海洋山港而言，有利于减少“国内货物，国外中转”现象，使之变为“国内货物，洋山中转”，有利于上海洋山港发展中转业务，助推上海国际航运中心建设。

截至 2013 年 8 月初，上海启运港试点一年，上海海关共办结 4 319 票启运港退税货物的核销手续，涉及货物 13 271 集装箱。

由于目前试点政策在启运地、承运企业和运输工具方面都有限制，因此，此次启运港退税试点政策将适时研究扩大启运地、承运企业和运输工具等适用范围，不断完善试点政策。

后 记

奉献给广大读者的这本小书，是上海市社联牵头组织编写的。上海社联党组书记、副主席沈国明，副书记、副主席桑玉成，副主席刘世军等共同讨论确立了编写宗旨和基本构想。编写工作是在上海社会科学院世界经济研究所所长张幼文研究员主持下完成的。张幼文、刘世军讨论确定了具体编写体例、内容定位、结构安排等工作。上海社会科学院世界经济研究所的王中美研究员具体负责编写任务，孙立行、唐杰英、吕文洁、周琢、应毓超等参与了编写工作，全书由张幼文、王中美统稿。编写工作从一开始就得到了上海自贸区管委会的热情鼓励和大力支持。本书的出版得到了上海世纪出版股份有限公司格致出版社范蔚文社长的大力支持，责任编辑王韵霏等加班加点，出力甚多，在此一并表示感谢！

2013 年 11 月

图书在版编目(CIP)数据

中国(上海)自由贸易试验区150问/上海市社会科学界联合会编.—2版.—上海:格致出版社:上海人民出版社,2014
ISBN 978-7-5432-2410-0

Ⅰ.①中… Ⅱ.①上… Ⅲ.①自由贸易区-上海市-问题解答 Ⅳ.①F752.851-44

中国版本图书馆CIP数据核字(2014)第129061号

责任编辑 王韵霏
装帧设计 人马艺术设计·储平

中国(上海)自由贸易试验区150问(第二版)
上海市社会科学界联合会 编

出 版 世纪出版股份有限公司 格致出版社
世纪出版集团 上海人民出版社
(200001 上海福建中路193号 www.ewen.cc)
格致出版
编辑部热线 021-63914988
市场部热线 021-63914081
www.hibooks.cn
发 行 上海世纪出版股份有限公司发行中心

印 刷 上海图宇印刷有限公司
开 本 787×1092 1/16
印 张 12.5
插 页 1
字 数 153,000
版 次 2014年8月第1版
印 次 2014年8月第1次印刷

ISBN 978-7-5432-2410-0/F·765 定价:32.00元